RENAÎTRE

Hélène Grimaud

avec Stéphane Barsacq

RENAÎTRE

Albin Michel

« Quoi, direz-vous, en ces temps d'horreur et de trouble ?
– Précisément. Au milieu de ces ténèbres, il est bien nécessaire d'y voir clair. »

André Suarès

OUVERTURE

Au cours des années, j'ai eu des entretiens réguliers avec des journalistes de qualité. Ils m'ont toujours permis de ressaisir ce que j'essayais de faire : leur écoute m'a aidée à m'écouter, et parfois à mieux m'entendre. J'ai également eu des entretiens, hors de la scène ou des coulisses, avec des amis ou des collègues qui m'ont offert ce qu'il y a de plus précieux : leur temps. Car il faut souvent du temps pour se mettre au diapason les uns des autres, faire entendre sa voix, distinguer celle d'autrui, voir comment celle-ci vient au-devant de nous, et comment nous pouvons lui répondre. Parmi ces amis, Stéphane Barsacq auquel je suis liée par une passion commune de la littérature et de la musique, et particulièrement de Johannes Brahms dont il a écrit la biographie. J'en ai d'ailleurs écrit la préface. Année après année, malgré l'océan qui nous séparait, nous avons continué à converser, à rire, à rêver, à évoquer des choses graves et des choses simples, de l'ordre du quotidien, où la parole se compose de silence. Que ç'ait été à Tokyo ou à Munich, à Stockholm ou à Madrid, à Londres ou à Nantes, Stéphane a toujours pris des notes après nos conversations. Un jour, il m'a proposé de les publier. J'ai accepté à une condition : que nos entretiens soient revus par écrit, recomposés dans le cadre d'un livre qui obéit à ses lois propres. J'avais en souvenir l'avertissement de Béatrice Berlowitz sur le seuil de ses entretiens avec Vladimir Jankélévitch : rien de plus trompeur que l'enregistrement ; il importe de s'en servir mais pour s'en libérer. Ainsi avons-nous procédé sur plusieurs saisons, Stéphane m'envoyait questions et fragments, moi, je lui répondais, notamment pendant mes tournées où la solitude peut être féconde et inspirante. Je me suis prise au jeu avec de plus en plus de plaisir. Rien d'étonnant, au fond. Dialoguer n'est-il pas ce qu'il y a de plus naturel pour un musicien ? Il n'y a pas de musique sans ce dialogue. Il s'instaure d'emblée avec les grands musiciens que j'interprète. Je leur demande comment comprendre telle phrase, tel phrasé, telle intention, cachée ou pas. Je les interroge sur le sens de la partition dans son déploiement. La conversation qui s'instaure permet de rejouer indéfiniment l'œuvre et de la reprendre. D'autres questions surgissent alors et, avec elles, de nouvelles lumières. Il y a ensuite le dialogue qui s'établit avec d'autres solistes, quel que soit leur instrument, ou avec l'orchestre. Nous nous retrouvons parfois à l'étranger et nous reprenons le fil, au fond jamais interrompu. Ainsi grandissons-nous ensemble. De manière générale, sans ce rapport avec l'autre, que serions-nous ? Peut-être la musique commence-t-elle à deux ? Serions-nous seuls, que nous ne pourrions chanter ni le faire avec éclat, car le chant est ce lieu d'une ouverture, dans le partage. Un musicien dialogue toujours avec les compositeurs, les autres musiciens, et aussi bien parfois avec lui-même, dans ce qu'il a de plus intime en son cœur. N'est-ce pas saint Augustin qui disait : « Je suis devenu une question à moi-même » ? Et n'est-ce pas Nietzsche qui affirmait que l'amour est un dialogue sans fin ?

Mais pour ce livre d'entretiens, par où commencer ? Les combats autour desquels ma vie s'est cristallisée ? Oui, j'avais envie de parler des créateurs d'une musique qui porte au sens, et que j'ai pu interpréter. Mais je voulais aller plus loin que ce qui touche exclusivement au domaine musical – même si, à bien y réfléchir, tout touche à la musique, puisque la joie, le bonheur, l'avenir même, se conjuguent toujours dans un rapport avec l'harmonie. J'ai voulu parler de mes sœurs – j'entends par là converser avec les femmes, pour leur dire qu'être une femme n'est pas un handicap lorsqu'on a le désir puissant de mener à bien un projet qui tient à cœur. Être femme est une question de renaissance perpétuelle, en considérant le temps non comme un ennemi mais comme un allié ; où ce qui importe est de renaître à soi, dans une passion toujours plus lucide, toujours plus généreuse, toujours plus hospitalière. Mais encore ? La vie bien sûr, et parler d'elle sur la note qui lui convient – la foi en tout ce qu'elle anime, la foi dans la nature que j'ai défendue plus précisément en prenant le parti des loups, comme aujourd'hui celui des derniers chevaux sauvages. La vie, et cesser de la maudire, comme nous y exhorte Rimbaud. Mais encore ? C'est une petite fille, à la sortie d'un concert, qui m'a donné l'élan qui me manquait encore. Elle m'a demandé, simplement : « La musique, ça sert à quoi ? » J'ai été, un court instant, aussi déconcertée que ses parents. Oui, pour quoi faire la musique ? Et pour quoi faire tous ces musiciens grâce auxquels nous continuons à entendre un son qui traverse les siècles ? Tous ces artistes qui ne produisent ni ne fabriquent rien dans un monde pourtant dévolu à la matière, à la technique, un monde où, justement, ni la parole ni le dialogue ne sont plus vraiment le diapason de nos échanges. De là, ce livre, et l'idée que porte son titre *Renaître* : pour répondre à cette petite fille, car je sais que la musique est le verbe venu au cœur de chacun pour dire le paradis qu'il nous incombe – à elle, à nous, à chacun – de construire, ici et maintenant. Que la musique reste incorruptible, qu'elle est le seul langage capable de traverser l'épaisseur des temps sans jamais faillir à la vocation de tout verbe – dire la vérité ; celle, déjà, de cet Éden dont elle nous donne l'entrevision, et qu'elle réenchante. Que, comme la grande musique, il n'y a de paradis que s'il est rejoué, comme s'il était créé, sur le moment même, par-delà le temps. Enfin, *Renaître* car qui ira nier qu'il y a urgence à refonder le présent et l'avenir, dans un monde qui n'a que faire de la vie, ou si peu, ou de moins en moins, et rend l'homme de plus en plus sourd à la musique, parce qu'elle a justement le pouvoir de le sauver ?

Ce n'est encore pas assez d'être né : il importe de se remettre au monde, et de l'aimer.

Hélène Grimaud,
Santa Ynez, 9 avril 2023

AVANT-PROPOS

Ce livre, Hélène Grimaud et moi, nous en avons souvent parlé. La première fois, ce devait être à New York au cours d'un printemps mémorable où je me suis rendu dans le Wolf Center, et où Hélène Grimaud m'avait permis d'approcher les loups – en restant à bonne distance, dois-je le préciser. Ce que j'avais vu m'avait étonné, au sens le plus fort : elle était de plain-pied avec ces fauves, comme elle l'était, juste auparavant au piano, avec les œuvres de Brahms. Nulle hésitation chez elle, tout au contraire : sauvage et gracieux, le déploiement intime de tout l'être. Les années ont passé, Hélène Grimaud n'a cessé de jouer sur les cinq continents, d'être en permanence aux avant-postes de la défense de la nature, comme elle a donné livres et entretiens. Le projet que j'avais suggéré n'en devenait que plus nécessaire, mais aussi plus délicat. Nous ne voulions pas d'un ouvrage qui vienne redire ses trois livres précédents, qui forment une trilogie commencée à Aix-en-Provence, son lieu de naissance, continuée à Paris, son lieu de formation, allant jusqu'aux États-Unis comme dans *Variations sauvages*, puis prenant les chemins de l'Italie et de l'Allemagne comme dans *Leçons particulières*, pour, au terme de ce long voyage, finir par des retrouvailles avec les loups tant aimés comme dans *Retour à Salem*. Dans le même esprit, nous voulions un livre qui soit nouveau et qui permette de déployer ce que le meilleur entretien dans un journal ne permet pas, quelle que soit la place, aussi large soit-elle : à savoir un rapport avec le temps. De fait, ce livre s'est construit mois après mois avec des allers-retours entre nous, qui nous ont obligés à mieux cerner les questions et les réponses. Je me souviens en avoir parlé avec l'écrivain Yves Bonnefoy, celui-ci m'avait fait part de sa conviction : l'écriture se doit d'être le contraire de noircir des pages ; pour lui, continuait-il, l'écriture ne commence guère qu'avec la réécriture car alors peut se faire jour une *conscience de soi*, un mouvement où on se saisit ou, mieux encore, où on peut *se ressaisir*.

Sur le seuil de ce livre, qu'on me permette quelques brefs mots au sujet d'Hélène Grimaud, vue de près et de loin au gré de ses métamorphoses et de son travail qui l'ont rendue si chère à tous les mélomanes à travers la planète, mais aussi à la jeunesse éprise de la nature, et à ceux qui savent à quel point elle est entière dans ses choix, et que rien de ce qu'elle entreprend n'est anodin : elle n'accomplit rien selon un autre axe que celui où il s'agit d'apporter à chacun énergie et lucidité, passion et espérance. Par chance, nous nous connaissons de longue date et nous avons souvent été amenés à nous voir, à l'occasion de tournées ou de livres comme *Le Piano dans l'éducation des jeunes filles*, mon roman que je lui ai lu, chapitre après chapitre. S'il est une chose qui me frappe chez Hélène Grimaud, c'est sa vivacité toujours en éveil : tout l'intéresse ; elle sait que tout peut enrichir son rapport à la musique, cependant qu'il est non moins frappant que cette artiste travaille sans arrêt avec une discipline qui force l'admiration : elle ne tient jamais rien pour acquis. Elle se focalise peu sur le passé. Elle vise à devenir toujours meilleure dans tous les domaines selon une vue ascendante du sens de la vie. Ainsi est-elle toujours jeune, et qui vient à l'approcher se sent rajeuni à son contact vivifiant, comme si elle avait su voir la source où ce qui importe ne tient pas aux dernières nouveautés, mais bien au contraire aux points d'appui où retrouver l'origine de ce qui n'aura pas de fin.

Hélène Grimaud a déjà accompli un vaste parcours, même s'il peut sembler proche ce temps où elle fut reçue première à l'unanimité au Conservatoire de Paris à l'âge de treize ans. Sur le plan musical, elle a su s'emparer des massifs de la musique classique dans des disques de référence : de Bach à Chopin, de Mozart à Liszt, de Debussy à Bartok ou Chostakovitch, sans oublier ses doubles, Beethoven, Schumann et Brahms, des compositeurs qu'elle a su faire résonner avec des musiciens contemporains comme les anciens sujets de l'URSS, l'Estonien Arvo Pärt ou l'Ukrainien Valentin Silvestrov, mais aussi l'Américain John Corigliano ou le Japonais Tōru Takemitsu. Au piano seul, en duo ou à l'orchestre, elle a su déployer toutes les nuances. Il lui est même arrivé d'enregistrer une berceuse de Brahms à la demande de notre amie Françoise Hardy, qui a chanté sur la musique. Et qui sait si, un jour, le projet qu'elle avait eu – elle qui aimait Jean Ferrat et réciproquement – d'un duo avec Sting ne prendra pas corps ? De disque en disque, Hélène Grimaud a su faire la preuve d'une imagination qui n'est pas sans évoquer les robes du conte de Perrault : la robe-lune, la robe-soleil, la robe-couleur du temps.

Avec les années, les paradoxes suscités par cette artiste n'ont pas manqué d'être soulignés. Qui est cette jeune femme d'un charisme qui m'a saisi, comme tous ceux qui l'ont approchée, capable de tutoyer des fauves ? Qui est cette pianiste si simple et si raffinée à la fois, capable de chanter de concert avec les plus redoutés des animaux ? Qui est cette concertiste habituée aux grandes salles, qui vivait dans le désert de sa maison, sur les hauteurs de Salem ? Certes, d'aucuns ont souligné les points communs entre Hélène Grimaud et les loups. Ne partagent-ils pas le fait d'être rebelles, nomades, exilés, d'une force inentamable, et de servir de bouc émissaire à certains qui se sentent soudain fragilisés par ce qui les dépasse ? Le poète Philippe Jaccottet a parlé à son sujet de « hauts signes » et, du peintre Balthus au cinéaste Ingmar Bergman, certains des plus grands artistes ont su voir ce qu'elle apportait : dans un monde séparé, refermé, étouffé et étouffant, fondé sur l'oubli de l'ordre sensible, Hélène Grimaud est apparue non seulement pour être une musicienne, mais aussi pour être musicale, pour revendiquer à travers tout son être la fusion entre l'être et le monde, étroitement réunis. Sans doute, cette fusion qui exalte notre nostalgie et qui guide notre désir est-elle un leurre. Mais c'est le propre de la musique, quand elle vient à s'incarner, de permettre ce que l'ami de Fauré, Charles Van Lerberghe, avait appelé des « entrevisions ». De la sorte, avec Hélène Grimaud, est-on *ici et ailleurs*, et elle-même semble toujours, au moment où elle est la plus présente, sur le point de s'évanouir pour aller à l'inconnu, nous laissant sur notre faim et entretenant l'envie de retrouvailles, comme avec une partition sue par cœur, qui anticipe sur notre souvenir en offrant la consécration d'un avenir où tout redevient possible et libre.

Il me reste à ajouter quelques remarques au sujet de ce qui pour moi fait aussi l'une des qualités d'Hélène Grimaud. Je veux parler de ses engagements. Avec la conscience humaniste la plus claire, elle a su d'emblée qu'il lui fallait mettre en conformité ses paroles et ses actions. Ainsi a-t-elle agi en prenant des risques, au mépris des critiques, pour pouvoir se battre sur un plan concret afin de promouvoir la préservation de la nature, qu'il s'agisse de l'environnement ou des espèces menacées, voire, récemment, pour des chevaux que certains préféreraient abattre. De même, comment ne pas admirer qu'elle ait voulu mettre en avant les qualités féminines, comme naguère d'autres grandes musiciennes, de Maria Yudina à Martha Argerich, en détruisant au passage des préjugés machistes sur les musiciennes, qui ne le cèdent en rien aux musiciens ni quant à la conception, ni quant à la virtuosité, ni quant à l'imagination poétique ? Consciente de ses différences, Hélène Grimaud a montré comment en faire autant de forces. Dans un même élan, elle a su s'emparer de la plus haute tradition musicale, se battre pour faire advenir un monde meilleur, et traiter Mozart ou Brahms avec le même amour que pour les loups, qu'elle considère comme aussi vitaux pour notre avenir que les œuvres d'art. Si d'aventure les espèces sauvages venaient à être éradiquées, nous les suivrions tous de peu ! Trempée dans le romantisme allemand, qui court de Novalis à Hölderlin et qui englobe aussi bien des musiciens, des peintres, des philosophes que des savants, mais aussi dans le monde indien qu'elle côtoie volontiers, car toujours en quête de l'unité des contraires où tout vient à s'enrichir, Hélène Grimaud est un exemple artistique et politique qui a compris le fin mot de la liberté : cette faculté de dire *NON !* au nom d'une présence qui porte plus haut.

Avec les années, à la voir jouer seule sur scène ou avec des interprètes remarquables comme Truls Mørk, Jan Vogler ou Sol Gabetta, mais aussi Renaud Capuçon, Rolando Villazón ou Thomas Quasthoff, sans oublier les chefs comme Paavo Järvi, Esa-Pekka Salonen ou Yannick Nézet-Séguin – je ne puis hélas tous les citer –, il est manifeste que pour Hélène Grimaud tout se ramène toujours au besoin, à l'espoir de « changer la vie », comme disait Arthur Rimbaud. À cela, Hélène Grimaud ne cesse de répondre qu'une révolution, si elle doit advenir, doit porter à la fois sur le monde extérieur et, dans un même mouvement, sur le monde intérieur. Elle ne nous propose rien de moins que de franchir la barrière que nous opposent les antinomies de l'ordre : *action et rêve, homme et femme, création et sauvegarde, tradition et innovation*. Et ce faisant, de le faire avec le sourire, sûre de la victoire promise à qui se bat pour tous.

Renaître s'inscrit sous plusieurs horizons. Hélène Grimaud veut qu'on entende dans ce titre qu'elle a choisi le mot « Renaissance », cette période où l'art fut triomphant en Italie, le pays des ancêtres de ses parents ; mais la renaissance en question, dont notre époque éprouve plus que jamais la nécessité, cette artiste si singulière nous avertit qu'elle ne saurait avoir lieu sans l'exigence d'un lien renforcé avec notre monde, dans tous ses aspects naturels, qu'il importe de sauver des folies et des dépravations causées par la recherche du profit ou l'absence de cœur. Hélène Grimaud fait siennes ces paroles du romancier Julien Gracq : « La Terre a perdu sa solidité, et son assise, cette colline, aujourd'hui, on peut la raser à volonté, ce fleuve l'assécher, ces nuages les dissoudre. Le moment approche où l'homme n'aura plus sérieusement en face de lui que lui-même, et plus qu'un monde refait de sa main *à son idée* – et je doute qu'à ce moment il puisse se reposer pour jouir de son œuvre, et juger que son œuvre était bonne. »

Renaître à soi, renaître aux autres, renaître pour des combats communs, préserver *l'altérité* de notre rapport avec notre double, puisque « Je est un autre », comme l'a dit Rimbaud, et aussi renaître à la nature, qui nous ouvre à l'infini, telle est la voie qu'Hélène Grimaud éclaire dans ce livre.

Stéphane Barsacq

Le sentiment océanique de l'existence

Hélène Grimaud, vous avez eu droit à l'éloge d'André Tubeuf, un ami d'Elisabeth Schwarzkopf et Dietrich Fischer-Dieskau, grand musicographe dans la tradition de Romain Rolland, et, sur une longue vie, ami des meilleurs musiciens, depuis les créatrices des opéras de Richard Strauss jusqu'à Rudolf Serkin. En guise de préambule, permettez-moi, s'il vous plaît, de le citer. Le portrait qu'il a écrit à votre sujet est un excellent point de départ : « On s'est un peu mépris sur elle au début, la belle fille saine et nette et vive et ne se cachant pas de l'être, post-soixante-huitarde née libérée et grandie libre. On l'a crue pressée parce qu'elle est leste, agile, désencombrée. On l'a crue m'as-tu-vu parce que la photo lui va naturellement bien, et qu'elle a très facilement des doigts pour ce qui est spectaculaire, Rachmaninov ou, superbement périlleux, Brahms. Elle aura mis longtemps à faire accepter qu'elle est une lente, une contemplative, une silencieuse. Dans une éblouissante polémique d'il y a bien longtemps déjà, Jean-François Revel établissait, contre tout establishment, les docteurs, les spécialistes, qu'on ne sera sûrement pas philosophe si on s'enferme dans la philosophie, se fermant à tout le reste. Hélène Grimaud a ouvert. Les grands espaces, d'abord. S'y sont engouffrés, ou ont cru s'y engouffrer, avec elle des milliers, des millions peut-être. Et puis ont acheté un, deux disques d'elle. Par l'écriture elle a ouvert autre chose. L'espace, bien différemment grand, des paysages à cyprès et des cloîtres. Le château de l'âme. » Plantons donc le décor et commençons par parler de vos paysages, vos paysages de naissance et vos paysages d'élection. Dans quelle mesure ont-ils compté pour vous ?

C'est une bonne idée de commencer par le cadre, quand on envisage de faire un portrait. Il y a tant de gens malheureux de leur séjour terrestre ! Tant de personnes qui se sentent étrangères dans les lieux qu'ils fréquentent pourtant tous les jours et qu'ils ne quittent jamais, sauf le temps de quelques vacances. Tant de monde qui suffoque dans les villes, et d'autres qui étouffent d'ennui à la campagne. Quant à moi, les paysages, et les contempler, ont toujours été essentiels à mon équilibre. Je me définirais comme *une citoyenne de l'extérieur*. D'une maison, je peux me satisfaire qu'elle possède le minimum de confort. Je ne redoute pas de vivre dans une résidence un peu spartiate, avec un mobilier réduit à l'essentiel. Peut-être est-ce parce que j'ai passé une partie de ma vie à changer d'adresse, voire de pays, où quelquefois je me suis contentée de poser mon sac sans vraiment m'installer. Il faut reconnaître qu'entre les voyages en avion et les hôtels, rien ne m'incite aux joies d'une vie sédentaire. Mais les paysages, le décor naturel ! Je suis incapable de faire l'impasse sur leur contemplation, ou tout du moins leur présence dans ma vie. J'en ai vitalement besoin. D'un point de vue esthétique tout d'abord. Certains sont à la pointe de ce que la création a pu composer de plus beau et de plus harmonieux. Alors, je suis remplie de gratitude avec le sentiment d'être merveilleusement apaisée. Ils me rassurent. Ils me rééquilibrent. Surtout après le désordre d'une tournée. Je n'ai jamais autant voyagé qu'assise sur le seuil de mes maisons successives, à South Salem, en Suisse ou en Californie, à m'abîmer dans la contemplation de la nature avec l'idée, tôt le matin, que le soleil avait besoin de ma présence pour se lever, ou qu'au moment précis où il allait apparaître je surprendrais quelque chose du secret universel – le mystère du monde me serait alors dévoilé. J'ai toujours aimé ce jeu, lorsque je suis seule, de dévider les souvenirs d'arbres, d'horizons, de nuages aussi, comme on ouvre un album de cartes postales, ou bien de dresser en imagination un paysage où déambuler dans la lumière dorée de la mémoire. Citoyenne de l'extérieur, mais vagabonde sédentaire ! Il y a, partout dans le monde, un petit morceau d'Éden, comme si l'Éden ne s'était pas évanoui mais s'était fractionné et caché dans une infinité de lieux qu'on découvre au fur et à mesure de nos pérégrinations, ou au hasard de notre destinée personnelle.

Vous me demandez dans quelle mesure les paysages ont compté pour moi. Je dirais qu'ils m'ont très tôt servi de miroirs. Comme on découvre son visage en s'y regardant, je me suis retrouvée en les contemplant. Ils ont apaisé la difficulté que j'avais à me sociabiliser avec les autres enfants, et l'inquiétude que cette inaptitude donnait à mes parents. Dans la nature, je me suis enfin sentie à ma place à la fois dans l'univers et comme « recentrée » par rapport à moi-même – avec le sentiment d'une harmonie retrouvée.

Lorsque j'étais enfant, ma mère me récitait des poèmes et je me rappelle ce vers qu'elle chantonnait presque quand elle me surprenait, en voiture, le nez collé à la vitre et plongée dans la contemplation des champs et des collines : « Votre âme est un paysage choisi. » J'ai, par exemple, le souvenir précis du moment où un paysage tout aussi précis m'a donné la conscience de mon corps et de l'appartenance de mon corps à la terre. C'était en Corse, où j'ai passé mes vacances de petite enfance avec mes parents. Ma mère est corse, originaire d'Olmo, un petit village de montagne. On s'installait l'été à une centaine de kilomètres de là, non loin de la mer, à Ghisonaccia exactement. Je m'échappais par un sentier dans le maquis, jusqu'à ce que les maisons disparaissent à ma vue. Et je m'accroupissais pour échapper à mon tour au regard des autres et me donner l'illusion d'être seule au monde, au plus près du sol, des fourmis, des herbes sauvages puissamment parfumées. Alors, je flairais la terre, j'écoutais de toutes mes forces les bruits les plus imperceptibles de la nature. J'attendais, je ne savais quoi, à humer le parfum unique au monde de cette campagne – un parfum qui me revient parfois et alors tout ce souvenir resurgit. À respirer aussi l'odeur chaude de mon propre corps dont je m'étourdissais, le nez plongé dans l'échancrure de mon T-shirt, et qui me convainquait enfin de ma propre existence.

Pourtant, vous avez passé votre enfance en ville, une ville par elle-même musicale, puisque s'y déroule un festival mondialement célèbre, où le peintre Balthus, qui vous admirait tant, comme il me l'a répété à plusieurs reprises, a travaillé à un Don Giovanni *en 1949 et à un* Cosi fan tutte *en 1950. Comme si la musique de Mozart avait aussi précédé votre naissance en s'inscrivant dans l'air…*

Oui, je suis originaire d'Aix-en-Provence. Pour autant, je n'ai jamais été une enfant des villes. Je pense d'ailleurs fermement que la ville est le milieu le plus opposé, le plus étranger à l'enfance qui soit. Là, l'enfant n'a aucune possibilité de se fondre littéralement dans ce qui l'entoure, couché dans l'herbe par exemple, à observer et découvrir les formes, les couleurs, les vies – le brin d'herbe et l'irruption d'un grillon. À toucher toutes ces matières étranges, voire à les broyer : la feuille, l'herbe, le pétale d'une fleur, la goutte de rosée, l'araignée aussi, et la terre qu'il malaxe, dont il peut humer les parfums. Les insectes aux formes inouïes qu'il m'est arrivé toute petite de vouloir goûter, au grand dam de ma mère. C'est une expérience un peu similaire à la découverte qu'un enfant peut faire de la musique, au contact des instruments et à l'écoute des sons qu'ils émettent.

Je trouve terrible que nos modes de vie citadins – qu'hélas nous avons rarement la possibilité de choisir, voire jamais – coupent l'enfant de la découverte du cycle des saisons. La succession de ces quatre temps imprime un tempo inoubliable à l'âme. La nature enseigne à l'enfant, comme une institutrice, les correspondances entre ses propres émotions et le sens profond des métamorphoses de la Création. La tristesse de l'automne, le retrait et l'introspection de l'hiver, la joie et l'espoir du printemps, l'accomplissement et la plénitude de l'été. Elle initie aussi au mystère du temps, à son essence même qui est la nôtre, en définitive. Elle lui enseigne la mort, mais qu'elle est l'étape nécessaire à une résurrection. L'hiver dernier, l'apparition d'une violette entre les cristaux de neige m'a bouleversée avec la même intensité que le jour où, enfant, j'ai découvert que sous la neige que j'avais ramassée pour m'en frotter le visage, l'herbe poussait déjà vers le ciel, avec la puissance de cette couleur verte qui fait vibrer le printemps.

Je me rappelle tout ce que mes vagabondages dans la nature m'ont apporté. Au milieu d'elle, au cœur de certains paysages, des paysages particuliers, j'ai fini par trouver mon accord le plus profond avec ce qui m'entourait. J'ajoute que la nature a été pour moi la première et la meilleure école que je puisse imaginer. J'y ai appris les rapports de force. Il existe une indéniable violence dans la nature, que ce soit dans les manifestations du ciel, les orages, les cyclones, les déluges, ou dans les relations des maillons de la chaîne alimentaire entre eux. Les taons sur la croupe des chevaux qu'ils forent pour boire leur sang. Le renard qui égorge une poule égaillée dans un champ. La buse qui fond sur un mulot…

Par ailleurs, je ne manque jamais de m'émerveiller de la capacité de la flore à renaître, cette résilience qu'on vante aujourd'hui à tout propos. Dans les friches industrielles les plus polluées et les milieux les plus abîmés, entre les pavés des rues ou sous l'asphalte des petites routes, sa force de vie se manifeste avec une obstination inouïe.

Enfant, en ville, je regardais telle herbe, telle fleur resurgir, parfois tel arbre s'installer et croître entre le trottoir et la voirie d'une rue désaffectée, et j'en étais profondément, durablement émue. C'est encore dans la nature que j'ai fait mes premières rencontres, je pourrais presque dire mon apprentissage avec la mort. J'ai découvert sa réalité dans la mouche dévorée par l'araignée au cœur même de sa toile, dans l'oiseau tué par le chat, dans le hérisson écrasé sur la route, et j'ai compris tout ce que cette mort enfantait – la terre par le pourrissement du cadavre, ou les autres espèces qui venaient s'en nourrir.

Enfin, et surtout, les paysages m'ont offert mes premières initiations à la beauté et à l'équilibre. S'il est un truisme par excellence, c'est bien de s'extasier devant un coucher de soleil sur la mer, ou sur l'équilibre délicat des couleurs et des formes d'une plaine contemplée depuis une hauteur, d'admirer les cimes inaccessibles et mystérieuses des chaînes de montagne. Mais existe-t-il un accès plus immédiat à la beauté, celle qui procure ce « sentiment océanique de l'existence » dont a parlé Romain Rolland, que le paysage ? Peut-on trouver meilleure éducation de l'esprit et du cœur que dans l'exercice d'admiration auquel ils nous invitent ?

Je suis constamment frappée de constater qu'il n'y a jamais de faute de goût, ni dans les couleurs, ni dans les formes, dans la nature, ni même dans le concert des sons entre eux – la rainette et le hibou, l'oiseau et le vent. Il n'y a que des sons dans la nature, tandis que nous faisons du bruit. Un bruit souvent intolérable, j'y reviendrai. Un jour, par hasard, je suis entrée dans un jardin d'iris. C'était inouï, ces harmonies de bleu et de violet, de blanc et de nacre, ces dégradés et ces mouvements de feuilles qui répondaient à la courbe des pétales, à la sensualité des pistils. C'était une preuve, que me donnait la lumière à cet instant précis, de ce qu'est la perfection.

Je sais votre passion pour la philosophie. Vous savez que Spinoza au XVIIe siècle mettait Dieu et la nature en parallèle. Il voyait Dieu dans tout ce qui existe et tout ce qui existe en Dieu. Pour lui, Dieu n'est pas celui qui s'est contenté de créer le monde : Dieu est le monde lui-même. Dès lors la vie de l'homme est déterminée par les lois de la nature. D'où ma question : la beauté a-t-elle été le seul enseignement que vous a prodigué la nature ?

Elle m'a aussi donné mes premières leçons de musique, bien avant d'avoir abordé un clavier. Il s'agissait, bien sûr, de leçons par immersion, au contact furtif et occasionnel des sons prodigués par les éléments. Si la musique qui va de Bach à Stravinsky en passant par Brahms, Bartok et Beethoven exalte bel et bien la beauté du monde, celle de la nature, si elle commente les thèmes de la joie ou de la douleur, ce n'est pas seulement pour le ravissement de l'ouïe. Elle vise à transmettre cet émoi d'une qualité plus rare qu'on éprouve lorsque l'esprit participe à la naissance de la vie – et où mieux que dans la nature y participer ? À quel meilleur moment d'initiation que dans l'enfance ?

Je me souviens : il y avait un grand pin parasol pas très loin de chez mes parents – rien que de plus normal en Provence. Mais la musique qu'il donnait au passage du vent et les modulations dont ses branches étaient capables en fonction de la nature de ce vent – simple brise ou violent mistral – comblaient mes oreilles. Et que dire encore du chant des cigales, de celui des martinets dans les ciels d'été de Provence, ou de l'incomparable musique du grand souffle de la mer ? Autant de mélodies dont l'enfant est trop souvent privé en milieu urbain… Nous, nous habitions une ville relativement modeste par sa taille, même si elle est insérée désormais dans un vaste réseau urbain et des nœuds autoroutiers. Mais dans mon enfance, on pouvait s'en échapper facilement. Et dans la ville même, on pouvait entrer dans des quartiers qui avaient des airs de campagne, des résidences où la nature trouvait à donner libre cours à son effervescence.

C'est au cours de mes promenades, je devrais dire de mes vagabondages, que j'ai eu la tentation, la première fois, de chanter toute seule, et à tue-tête. Je me souviens d'avoir entonné l'une des chansons que ma mère fredonnait en italien en faisant la cuisine. Je me rappelle surtout l'avoir fait un jour où je m'étais échappée de l'école, et alors, à revenir chez moi à une heure où la rue était déserte, j'ai éprouvé un sentiment de liberté tel que le besoin irrépressible de chanter m'a saisie. André Tubeuf dit dans son livre sur le chant allemand que là est l'origine du lied, que le chant est monté de l'âme de ce promeneur allemand parti vagabonder autour de sa ferme, le long du ruisseau familier, ému par une brume posée sur un étang, ou par la forêt proche. Alors il s'est mis à chanter pour exprimer le sentiment de fusion éprouvé à cet instant précis où la beauté de son coin de terre l'a submergé. On entend cet hymne dans les lieder de Brahms. Ce promeneur a chanté encore lorsqu'il s'était par trop éloigné de sa terre, pour dire tout le regret qu'il avait de l'avoir quittée et son désir d'y revenir. C'est encore dans les lieder de Brahms qui n'a rien écrit d'un art plus pur, ni d'une musique plus accomplie, qu'on entend cette ode. Voilà une poésie impalpable, une matière impondérable, sans un atome d'éloquence. Brahms célèbre un univers où tout est dialogue, s'écoute, se répond, et cherche la tension qui vient dénouer les angoisses.

Souvent, lorsque je vais marcher avec mes chiens sur les talons, je repense aux propos d'André Tubeuf, et combien il a eu raison de suggérer que lorsqu'on se promène, à pas d'homme, dans la nature, lorsqu'on marche avec douceur, on s'inscrit dans le paysage. On s'y inscrit comme on le dit d'une inscription à une école. Alors il devient impossible d'éprouver le sentiment d'absurdité qui peut parfois nous saisir dans la vie. La nôtre, et celle de l'homme en général, celle de son existence sur cette terre. Une enfance, une vie au sein de la nature inscrivent dans le cœur une certitude d'appartenance. D'ailleurs, à mes yeux, de tous les lieder de Brahms, celui qui tient la clé générale est peut-être *Feldeinsamkeit*, qui nous dit qu'à rester allongé dans l'herbe et à suivre les nuages, on rejoint lentement, sereinement, la mort. Alors la nuit est un rêve de plus, comme la mort qui est une amie.

Dans votre évocation de la nature, et les leçons qu'elle vous a données, comptez-vous vos chiens, dont vous parlez si souvent ? Au siècle dernier, le philosophe autrichien Ludwig Wittgenstein a eu ce mot, qui ressemble davantage à une boutade qu'à une vérité absolue : « Si éloquents que soient les aboiements d'un chien, il ne pourra pas vous expliquer que ses parents étaient honnêtes quoique pauvres. » Il n'est pas dit que vous soyez d'accord, je le devine. Quoi qu'il en soit, je crois que vous avez plusieurs chiens aujourd'hui, qui vous attendent et vous suivent dans vos vagabondages dans les bois.

Mes chiens, et l'observation de leur comportement, comme de celui des autres animaux, m'ont renseignée sur la nature humaine plus qu'aucune autre expérience ou aucune autre étude. C'est peut-être ce qui m'en a donné la meilleure vision. Ils me rappellent d'ailleurs ma vocation première, avant que la musique me prenne : être vétérinaire ou biologiste ! J'ai toujours éprouvé une véritable fringale de présence animale et plus fortement encore lorsqu'il s'agit d'animaux sauvages, les loups et les mustangs, avant eux les chevaux de Camargue puisque j'ai eu le privilège de les approcher et de les laisser m'apprivoiser. Les deux exercent sur moi la même fascination. Leur présence me met en transe, me baigne dans des courants occultes, m'appelle au sein de l'univers sauvage, chaud, voluptueux et sans mensonge que je nomme mon paradis perdu. J'avoue avoir été parfois influencée dans mon jeu par les yeux de reine douce d'Alawa, qui m'entraînaient sur le versant astronomique d'un autre monde. Ces animaux, et mes chiens lorsque je les suis dans leurs échappées au cœur des forêts énormes, denses, sombres du Nord américain, lorsqu'ils m'obligent à épouser leurs foulées, à m'immobiliser brusquement pour saisir les variations du vent, à humer les parfums que mon pas libère en foulant l'humus et la lourde terre, me conduisent sur le seuil de révélations véritablement mythologiques. J'éprouve une réelle convoitise lorsque je les regarde s'élancer à la suite d'une proie invisible, jaillir avec une puissante souplesse des fougères avec cette sorte de distance qu'on ne voit qu'aux fauves. On n'épuisera jamais le sens profond de la métamorphose animale dans la mythologie et dans l'histoire des religions. Du Serpent Terrestre à l'*Hymne des Daimons* de Ronsard, où l'on voit la terreur du poète pour les chats, corps visibles du diable, jusqu'au chien barbet de Faust, quelle histoire animale serait encore à écrire ! Qui composera un jour une anthologie poétique des animaux, dont le chapitre sur les oiseaux existe déjà grâce aux livres de Jean de Boschère ? Je rêve de consacrer des pages entières au cheval. Quelle place il aurait comme ferment d'inspiration lyrique ! Regardez les œuvres des peintres et des dessinateurs du fantastique, ils ont tous souligné l'aspect terrible du cheval, de son crâne. Je pense à Dürer, à Delacroix, à Redon.

Mes chiens, et tous les animaux que je contemple dans les documentaires animaliers, que je pourrais regarder pendant des heures, replacent au premier rang de mon vocabulaire le mot *fabuleux*. Ils m'obligent à prendre conscience d'une idée de moi-même sous les espèces prodigieusement internes de mon animalité. Du poil à la griffe, de l'aile au bec, du mufle à la canine. Et dans le vagabondage de ces pensées, je retrouve une espèce d'ancestrale mémoire. Cet abîme, entre les animaux et moi-même, entretient ma passion pour eux. Quant à mes chiens... leur présence, toujours d'une beauté poignante, est une source intarissable de joie, de surprises, de découvertes. Il y a, entre eux et moi, des ententes que je n'ai jamais connues avec aucun humain. Ils ont une qualité supplémentaire, que m'offre leur présence, comme me l'offrent les loups ou, dans les temps de mon enfance, les chevaux que j'admirais en Camargue – la possibilité de changer de règne. D'entrer dans le naturel, voire le surnaturel. Quand ils me regardent, ils semblent savoir de moi des choses que j'ignorerai moi-même toujours. Et leur regard ! Où se lisent l'amour et l'invisible. L'expression de la fidélité, ce qu'il y a de plus rare au monde, de plus contraire à l'homme peut-être – et je ne m'exclus pas de l'espèce. Ils ont une expression pure de tout ce qui traîne chez les humains et me ramènent à un état d'innocence, d'enfance, l'enfance de l'enfance.

L'une des choses dont je suis fière est que mon pays est le premier au monde à avoir créé un cimetière pour les chiens et j'invite toujours ceux que j'aime à aller y faire un tour. Je m'y suis rendue un jour de novembre, un peu triste. C'est à Asnières, sur l'île dite des « Ravageurs » qu'Eugène Sue avait mise à l'honneur dans ses *Mystères de Paris.* Jusqu'à la fin du XIXe siècle, des chiffonniers l'occupaient. Un philanthrope, si j'ose dire, mais il faut aimer les hommes pour aimer ceux qui aiment leurs chiens, l'a achetée pour y installer un cimetière pour les chiens, car enfin, une loi venait d'autoriser que les animaux domestiques soient enterrés à condition qu'ils le soient dans une fosse située au moins à cent mètres d'une habitation et à une profondeur d'un mètre au minimum. Georges Harmois et Marguerite Durand ont ainsi créé, le 2 mai 1899, la Société française anonyme du cimetière pour chiens et autres animaux domestiques. Le cimetière ouvrit à la fin de l'été de la même année. II fut divisé en quatre sections, les chiens, les chats, les oiseaux et le secteur des autres animaux, où l'on trouve de nombreuses sépultures de chevaux. Je me souviendrai toujours de l'émotion qui m'a étreint le cœur à la vue de ces monuments, de ces temples, de ces guirlandes et de ces fleurs fraîches. On est saisi de pitié et de tristesse à la vue de ces tombeaux dont les plus vastes sont à la mesure d'un petit enfant, et certains à celle d'une main coupée. Dans ce lieu étrange, désert et fleuri, bercé par le chant des merles et les roucoulades des pigeons, une phrase revient, qui résume toutes les épitaphes, tous les regrets, tous les poèmes : « C'était mon seul ami ! » C'est le cri de la solitude humaine dans ce qu'elle a de plus pauvre, de plus transi, de plus quotidien, de plus irréparable. Il meuble le silence qui règne sur l'île et les sculptures qui dominent les tertres.

Est-ce au cours de vos promenades que vous avez imaginé d'écrire ? On se souvient des pages de Jean-Jacques Rousseau, qui sont le préambule de la littérature romantique dans Les Rêveries d'un promeneur solitaire. *Je le cite : « Ayant donc formé le projet de décrire l'état habituel de mon âme dans la plus étrange position où se puisse jamais trouver un mortel, je n'ai vu nulle manière plus simple et plus sûre d'exécuter cette entreprise, que de tenir un registre fidèle de mes promenades solitaires et des rêveries qui les remplissent, quand je laisse ma tête entièrement libre, et mes idées suivre leur pente sans résistance et sans gêne. Ces heures de solitude et de méditation sont les seules de la journée, où je sois pleinement moi, et à moi sans diversion, sans obstacle, et où je puisse véritablement dire être ce que la nature a voulu ...*»

En tout cas, c'est au cours d'une de ces promenades que j'ai imaginé un petit conte, en forme d'uchronie :

Les hommes, partis à la recherche du paradis auquel ils croient dur comme fer, trouvent par hasard la porte du jardin d'Éden. Ils pressentent que leur expédition touche au but. Ils poussent la porte. Ils entrent. Ils crient de joie et défaillent d'admiration devant tant de beauté, ces ciels spacieux, ces paysages somptueusement sauvages, en apparence seulement car les lions et les girafes, les loups et les agneaux, toute la faune vient les saluer, se laisse approcher, se prête aux caresses. Au deuxième jour, apparaissent Adam et Ève. Ils sont presque nus. Ils vivent dans un joli tipi, au bord d'une fontaine. Le couple accueille cette petite multitude. Adam et Ève invitent les nouveaux venus à s'asseoir. Ils les désaltèrent. Ils leur font goûter des fruits et des mets inconnus de ces palais qui, là où ils étaient, avaient eu faim. Ils leur montrent comment ils vivent – sobrement, et dès lors en paix et heureux –, Dieu a pourvu à tous leurs besoins tant le jardin est abondance. Au soir, ils préparent des couches pour que leurs hôtes se reposent.

Au troisième jour, Adam et Ève leur font visiter les lieux : des plaines, des vergers et, juteuse, ronde et dorée, pendue à un arbre majestueux, la Pomme.

Au quatrième jour, le groupe s'est organisé. Ils ont abattu des forêts, tué des animaux pour le plaisir et pour le commerce, organisé des pugilats entre les groupes car ils se sont déjà divisés.

Au cinquième jour, ils volent la Pomme et abattent le pommier.

Au sixième jour, Adam et Ève découvrent la disparition de leur arbre, le cadavre des animaux, les combats entre eux pour s'approprier le jardin, ses fruits et la Pomme. Ils ne comprennent pas. Pourquoi tuer ? Pourquoi voler ? Pourquoi prendre plus qu'il n'est nécessaire ? Ils protestent et demandent aux invités de quitter le jardin, de rentrer chez eux et de les laisser en paix.

À l'aube du septième jour, la petite multitude pour une fois unanime s'est regroupée devant le tipi d'Adam et Ève. Ils ont soulevé les feuilles tressées qui coupaient le vent à son ouverture. Dix d'entre eux se sont glissés à l'intérieur.

Et ils ont tués Adam et Ève.

Vous venez d'évoquer le rôle de la nature dans la formation de votre sensibilité, mais qu'en est-il de vos « paysages choisis » ?

Dès l'enfance, j'ai jeté mon dévolu sur un paysage. À moins que ce paysage ne m'ait choisie, moi ! C'est exactement le sentiment que j'avais enfant, quand avec mes parents nous quittions la ville d'Aix où je suis née et où j'ai vécu mes premières années, jusqu'à mon départ pour Paris et le Conservatoire. C'est là que j'ai découvert un paysage de naissance, et d'élection, du moins le premier d'entre eux. La Camargue. Je me rappellerai toute ma vie cette première rencontre. J'ai su, comme lorsque plus tard j'ai rencontré la musique de Brahms, que ma vie ne serait plus tout à fait la même parce que ce paysage, comme ce compositeur, a donné une réponse à des attentes et à des inquiétudes.

Les deux m'ont offert un sentiment de plénitude. Après cette première visite, je n'ai plus cessé de demander à mes parents d'y revenir. Nous partions pour la Camargue et pour moi, on faisait plus que quitter la ville, on entrait dans un monde magique. Un rêve émané de la mer… Je n'ai pas compris tout de suite ce qui me subjuguait si fort dans ce paysage. Je l'ai découvert à Paris, dans l'univers entièrement minéral de la ville – sans aucune des échappées qu'autorisait encore Aix-en-Provence. À quelques heures de voiture à peine, on basculait dans une autre dimension, quelque chose de sauvage, d'indompté y triomphait violemment. Mon émotion et mon attention, mon attente étaient si fortes qu'aujourd'hui encore, en fermant les yeux, je peux faire défiler mentalement toute la route, dans tous ses détails. La sortie d'Aix, l'arrivée à Arles et puis, à la sortie d'Arles, la route des Salins ou celle des Saintes-Maries-de-la-Mer. J'étais tendue comme un arc. Je sentais mon cœur battre plus fort. Je scrutais le paysage de toutes mes forces, dans l'impatience du chemin de terre qui nous conduirait dans les replis secrets du delta.

Que ressentiez-vous donc ? Toujours ce « sentiment océanique de l'existence » ?

Si j'avais l'impression de n'être nulle part à ma place, là, je me sentais invitée à participer à un ordre harmonieux et vaste et d'y être tout à fait invitée et accueillie. Je me savais au contact des éléments dans ce qu'ils ont de plus brut, de plus vrai, de plus primaire, comme on le dit des couleurs, et cette idée me réjouissait. L'eau déjà, que je chercherai plus tard pour dire sa beauté en musique. Il y avait ces étangs et leurs miroirs à perte de vue, qui finissaient par épouser la Méditerranée et s'y confondre. Il y avait le grand et puissant fleuve, le Rhône, écartelé en deltas comme si, à l'approche de la mer, il se démultipliait dans une ivresse de liberté, et c'était exactement ce que je commençais à ressentir lorsque le rêve d'être libre, de vivre libre, s'emparait de moi. Il y avait le soleil, reflété et comme procréé par l'eau, et l'éblouissement impitoyable d'un midi aux quatre points cardinaux. Enfin, il y avait les chevaux sauvages, dont la beauté me renversait. Surpris, ils détalaient avec une puissance qui m'emportait. La Camargue a été pour moi bien plus qu'un paysage : le soupçon brièvement entrevu, l'intuition fulgurante d'une harmonie entre mon âme et un avenir. Là, pour la première fois, j'ai eu la prémonition de grandes choses, d'un destin. Si je m'intéresse aujourd'hui à la préservation des chevaux mustangs, dont la survie est menacée aux États-Unis, je le dois sans doute à la joie drue que m'a procuré le spectacle des chevaux camarguais lorsque j'étais enfant. Ils me semblaient incarner les grands espaces et leur caractère indomptable.

Je crois aussi que je me suis retrouvée dans la Camargue comme dans un miroir, parce que tout y est « trop » : le soleil trop mordant, le vent trop fort, les eaux trop imprévisibles. Je me laissais pénétrer par ses paysages, par les formes qu'elle empruntait au vivant. Je me sentais cheval, mistral, soleil, vagues furieuses. Je me sentais réconciliée avec mon corps, en amitié avec lui. Ni fille ni garçon, mais simplement vivante. Comme plus tard avec les loups, dans le Grand Nord américain. Il faut dire aussi que dans mon enfance, comme dans mon adolescence, j'étais portée par la passion et l'exaltation de la découverte. La Camargue jouait sur cette corde. Elle me donnait l'occasion, plus que partout ailleurs, de pénétrer un autre univers qui m'était, de surcroît, réservé, et de vivre intensément l'instant qui passait. C'est en Camargue que j'ai compris de toutes mes fibres qu'il me fallait exister à la pointe de cette rencontre que ma présence créait, entre deux éternités, le passé et l'avenir. Elle a aiguisé ce don que j'avais, qui s'est révélé là, et que j'ai gardé, le don d'occuper la seconde que je vis, de toutes mes forces. Elle a peut-être aussi révélé ma propension à vouloir posséder l'insaisissable – la musique du vent et de la mer, plus tard celle du frisson du feu, des craquements de la glace dans les Rocheuses ou du crissement ouaté de la neige sous mes pas. Je les écoutais fortement pour les emporter dans ma chambre ou dans le recoin de la cour d'école où je me réfugiais pendant les récréations. Sans doute, à bien y réfléchir, la Camargue a-t-elle été ma première école de musique et ma première initiation au pacte secret que j'ai décidé de conclure, sur cette terre improbable, avec les animaux.

Vous semblez en garder un souvenir extrêmement vif et précis.

Oui. Des années plus tard, ma mère m'a donné à lire un poème de Fernando Pessoa et ce fut une foudre de sens ; son éclair a rallumé le souvenir de cette première rencontre avec les chevaux dans les lagunes de Camargue et la lumière de cuivre du Sud :

Je suis un gardeur de troupeaux.
Le troupeau ce sont mes pensées
Et mes pensées sont toutes des sensations.
Je pense avec les yeux et avec les oreilles
Et avec les mains et avec la bouche.
Penser une fleur c'est la voir et la respirer
Et manger un fruit c'est en savoir le sens.
C'est pourquoi lorsque par un jour de chaleur
Je me sens triste d'en jouir à ce point,
Et me couche de tout mon long dans l'herbe,

Et ferme mes yeux brûlants,
Je sens tout mon corps couché dans la réalité,
Je sais la vérité et je suis heureux.

Ce poème, je l'ai souvent relu, avec l'étonnement inépuisable de découvrir mes propres sensations, mes propres impressions sous la plume d'un autre. Sur les plages de Camargue, dans les forêts du Grand Nord, avec mes loups, la nuit sous les lunes pleines, grasses et fécondes, lorsque je me couchais de tout mon long dans la vibration des hautes herbes, je sentais moi aussi tout mon corps couché dans la réalité. J'ai su la vérité et j'en ai été heureuse. Lorsque j'ai entendu pour la première fois jouer une œuvre de Brahms, ou si je surprenais au Conservatoire un élève déchiffrer un de ses morceaux, j'ai éprouvé ce même sentiment de *reconnaissance*. C'était très étrange. Ce sentiment que quelque chose a été écrit pour vous, et que ce quelque chose correspond exactement aux fluctuations de vos émotions. J'ai eu l'impression de redécouvrir des œuvres alors que je ne les avais jamais jouées ni même entendues auparavant. Je ne me dépare pas de ce sentiment incroyable de familiarité, dans le sens de quelque chose proche de moi, fait pour moi. Il en a été de même pour ces vers. J'ai évidemment voulu lire la suite de ce recueil. Quel n'a pas été mon bonheur de trouver, deux poésies plus loin, ces deux strophes :

Cette dame a un piano
qui est agréable mais qui n'est pas le cours des fleuves
ni le murmure que font les arbres…
Pourquoi faut-il qu'on ait un piano ?
Le mieux est qu'on ait des oreilles
Et qu'on aime la Nature.

Ces vers ont sonné comme une injonction, l'ordre de bondir au-delà d'eux. Je me suis dit que je devais parvenir à combler l'espace que dessinait Fernando Pessoa, partout à l'œuvre dans la nature, ainsi dans la musique de l'eau vive, *legato*, *rubato*, insaisissable dans ses courbes, dont on ne dira jamais assez la musicalité et l'élégance, mais aussi dans celle du vent, depuis la chanson douce des tièdes brises jusqu'au sifflement puissant des bois de l'orage. Mon piano aurait à couvrir l'arc tendu entre ces sons à l'état sauvage et leur agencement prodigieux dont témoignent les symphonies et les concertos de Brahms, mais encore de Beethoven quand il écrit *La Tempête* ou de bien d'autres compositeurs. « Pourquoi faut-il qu'on ait un piano ? » demande le gardeur de troupeaux de Pessoa. Pour porter au public l'écho des cours des fleuves, du murmure des arbres et de tout l'amour qu'inspire la nature. C'est en songeant à ce recueil de poèmes – à ces deux-là particulièrement – que j'ai élaboré ces enregistrements consacrés à l'eau et l'association, lors de mes concerts, avec le travail photographique de Mat Hennek sur cet élément vital. De cette lecture, de ce moment, j'ai voulu mon piano comme le trait d'union entre le public et son désir d'atteindre jusqu'aux ciels, jusqu'aux monts, jusqu'aux océans le pays des sons purs, la nature dans son essence. Je cherche continûment à travailler dans cette quête, qui tourne parfois à l'obsession, au risque, dans la tension qu'elle exige, de me briser parfois en mille éclats. Mais alors, si je parviens à retranscrire les fluidités et les transparences de l'eau telles que je les ai admirées en Camargue, enfant, et telles que les a fixées un Debussy ou un Liszt par exemple, quelle joie !

Entre l'Europe et les États-Unis

Vous êtes connue pour vos actions en faveur des loups. Comment expliquer cette passion, qui n'a rien de factice, comme je peux en témoigner, pour en avoir été témoin de visu *? On pourrait vous prêter ces mots d'un écrivain romantique : « À quarante ans, les uns se font aigres, les autres se font fades, d'autres tournent au porc ; moi, je me fais loup. Je dis "non", je rôde, et je me maintiens inattaquable dans les grands bois enneigés. »*

Les loups nous fascinent à l'extrême. Moi-même, je subis leur pouvoir. Ils nous ensauvagent tous. Telle est la source d'une partie de leur force ; le reste vient de ce qu'ils nous sont supérieurs. Dans leur corps, dans leurs crocs, dans leurs amours, réside une puissance élémentaire semblable à celle du vent, des volcans, aux violences souterraines de la vie. Au milieu de nous, occupés à notre modeste cheminement d'une routine à l'autre, ils viennent des neiges du Grand Nord et des roux de l'automne assurer la domination sauvage, la froide et solennelle férocité de la nature. Chaque fois qu'ils apparaissent, des steppes russes aux forêts canadiennes, des sierras espagnoles au plateau de l'Aubrac où, paraît-il, on vient d'en trouver deux, ils nous offrent la possibilité unique d'entre-saisir une vision : l'intuition de la Vérité. Cette Vérité qui gît dans les profondeurs de la conscience et permet à chacun de puiser en lui les forces de la création – pour moi, trouver la joie qui me fera jouer Brahms ou Rachmaninov.

« Je crois que les frontières de notre esprit sont mouvantes, a écrit William Butler Yeats ; que les esprits peuvent communiquer, les âmes communier, couler, pour ainsi dire, l'une dans l'autre et créer ou révéler une énergie unique ; que les lisières de nos mémoires sont mouvantes et que toutes nos mémoires sont part d'une grande mémoire, la mémoire de la nature elle-même. » J'affirme à sa suite que les loups sont cette mémoire, une réminiscence vivante de l'Éden. Les loups font plus que nous parler, ils nous donnent les réponses. À quelles questions ? Les seules essentielles à notre avenir : comment sauver la planète, comment sauver nos enfants ? Quelque mille quatre cents scientifiques – anthropologues, éthologues, écologues, biologistes, économistes – ont rendu un rapport aux Nations unies sur l'état de la Terre. Leurs conclusions sont alarmantes et unanimes : si l'homme ne respecte pas chaque écosystème et n'harmonise pas tous les écosystèmes entre eux, le monde sera invivable dans trente ans. Les études menées sur le loup dans le parc de Yellowstone, aux États-Unis, ont montré combien la présence de ce très noble prédateur reste indispensable à l'équilibre de son écosystème. Le loup nous rappelle nos origines. Il nous rappelle que, pour survivre dans la nature, nos ancêtres ont eu besoin des animaux. L'aventure de cette complicité a commencé avec les loups, à force d'observations mutuelles et de patients apprivoisements. Le loup a appris à nos ancêtres à chasser, puis il les a aidés à capturer la nourriture. Il leur a appris le sens de l'économie, le respect de l'autre – ne tuer que par nécessité et les individus les moins indispensables à la survie du groupe. Les règles de vie de la meute ont enseigné à l'homme les règles de vie en société. Certaines peuplades, pour sceller cette alliance, ont donné le sein de leurs femmes aux jeunes loups pour qu'elles les allaitent. Certains dieux l'ont voulu pour frère : Apollon en fit son symbole, Mars lui confia la conduite de son char, Rome la survie de ses deux fondateurs.

Aujourd'hui, sur cette Terre où l'homme pratique le grand génocide de la vie – chaque jour des dizaines d'espèces animales et végétales disparaissent –, où 16 125 nouvelles espèces sont menacées d'extinction, au rang desquelles, nouvellement désigné après l'ours polaire, l'hippopotame, il faut affirmer haut et fort que le loup est l'avenir de l'homme. Ce vieux complice, que pas une seule grande civilisation n'a omis d'inviter dans ses légendes pour le sanctifier, ne pourra vivre que si nous vivons. Ou plutôt, nous ne pourrons survivre que si nous le protégeons, mais pas dans des réserves ou des sanctuaires : aucun écosystème n'est « isolable » des autres, comme l'a souligné justement le dernier rapport de l'Onu. Nous devons rendre au loup l'espace et la vie auxquels il a droit, pour assurer à nos enfants la terre et l'oxygène auxquels ils ont droit. Ainsi, le vieux débat philosophique sur l'animalité – longtemps établi sur l'observation d'enfants loups – trouve-t-il un nouveau champ de réflexion. Où passe la frontière entre l'homme et l'animal ? Cette question, qui passionna l'Église, puis le siècle des Lumières, qui enthousiasma les plus grands penseurs, Descartes ou Kant, a trouvé, avec l'écologie et l'éthologie, si ce n'est une réponse, du moins un constat : vivants tous les deux, ils ne peuvent le rester les uns sans les autres.

Ouragans, tremblements de terre, tsunamis, fonte de la calotte glacière, épuisement de l'eau douce : les faits sont là, qui se traduisent désormais en milliers de morts humains. Les scientifiques et les économistes commencent à entendre les sommations de la Terre. Aux calculs économiques de rentabilité, aux cours des marchés, aux questions de gestion, ils reconnaissent leur devoir d'intégrer un nouveau paramètre : la préservation de la nature. Où l'étudier ? Dans quelles écoles ? Comme le firent nos ancêtres il y deux millions d'années, regardons les loups. Contemplons les loups. Haïs souvent, traqués hélas, ils continuent, dans l'absolue liberté de leurs courses et de leurs amours, à nous apprendre ce sens qui se dérobe à nous, qui nous échappe, qui nous effraie et que nous entendons pourtant certaines nuits de lune, quand ils hurlent sous le ciel : le paradis est ici, *là où ils sont.*

Revenons à votre jeunesse provençale. Si vous avez tant aimé ce paysage, pourquoi l'avoir quitté, pourquoi être partie pour l'Amérique ? Vous aviez tout pour être heureuse en France. Vous aviez été reçue première à l'unanimité au Conservatoire de Paris à l'âge de treize ans. Votre premier disque consacré à Rachmaninov avait été récompensé. Des chefs prestigieux voulaient faire votre carrière… Alors, pourquoi ce départ si jeune, à l'âge de dix-neuf ans ?

À dire vrai, j'ai mis longtemps à comprendre ce qui m'avait poussée à partir de France, puis à construire, et enfin à affirmer. Mais je n'ai rien fui. Ni la faim, ni un chagrin, ni la moindre contrainte quelle que soit sa forme. Je suis allée *ailleurs* chercher ce qu'alors je ne trouvais pas en

Europe, mais que je n'aurais pas su définir à ce moment de ma vie. Quelque chose qui excédait l'amour magnifique de mes parents. Une liberté peut-être… une *clé*.

Ma rencontre avec les loups et la décision que j'ai prise de les protéger m'ont amenée à rester aux États-Unis. On a avancé beaucoup de théories sur ma dilection pour ces animaux et sur le fait que pendant des années, je me sois entièrement dédiée à leur préservation – à part le temps consacré à la musique, mais la musique n'a jamais été une activité ni un métier pour moi, elle était déjà et reste une part de moi-même. On a avancé que les loups n'étaient qu'un moyen d'exaspérer les émois anciens qui, enfant, m'ont habitée comme tous les enfants, mais d'une façon aiguë : la peur et le désir de tuer, assortie de la peur et du désir d'être tuée. On a écrit qu'il n'était nul besoin d'avoir lu *L'Homme aux loups* de Freud pour être saisi par le lien qui unit la férocité du loup à la sensualité de la louve. Mais qui s'est demandé ce qui, en fait, était la vérité, et l'était devenu au cours de ma rencontre avec Alawa qui elle doit tout au hasard ? Était-ce vraiment un hasard, d'ailleurs, ou la rencontre avec mon destin ? Pourquoi ce soir-là, en Floride, ai-je éprouvé le besoin de sortir pour aller marcher au petit bonheur la chance dans l'entrelacs des maisons et des rues de cette ville ? Je me rappellerai toujours l'instant où mon regard a croisé celui de cet animal fabuleux, cette louve. Ce fut comme si de l'électricité m'avait traversé le corps. Contrairement à ses habitudes, elle s'est peu à peu laissé approcher. Une rencontre. Une « reconnaissance ». Un de ces moments pivots de l'existence comme nous en vivons tous, plus ou moins fortement, où j'ai su que ma vie serait changée pour toujours. Les chances pour qu'une jeune Française se retrouve à cet instant-là à Tallahassee en Floride étaient tellement infimes ! Je crois qu'il y a une raison à toute chose, et c'est comme si tout s'était ligué pour que cette rencontre ait lieu ce soir-là, et qu'elle ait lieu pour que naisse, plus tard, le Centre de protection des loups que j'ai fondé près de New York et dont Alawa a été l'ambassadrice. C'est ce qui m'a poussée à m'installer aux États-Unis. Je suis restée de l'autre côté de l'Atlantique pour me consacrer à l'étude de ces animaux, très sérieusement. Comme l'un de mes désirs d'enfant était de devenir vétérinaire, et que ma profession de concertiste me laissait un peu de temps, je me suis inscrite pour suivre des cours sur le comportement animal. D'ailleurs, je caresse toujours l'idée d'écrire un livre sur mes observations prises au fil du temps. Autrement dit, cette première rencontre a surtout été un facteur déclenchant, en aucun cas déterminant. Je n'ai jamais nourri de fascination pour les loups. La fascination est venue plus tard, par la force des choses. À tout prendre, j'aurais choisi d'étudier les primates de Bornéo… J'ai obtenu des autorisations des fédéraux pour posséder des loups à demeure, comme ambassadeurs de leur espèce. Ensuite, j'ai poursuivi mes recherches avec eux, tout en invitant des groupes scolaires à les approcher. Lorsque je m'occupais à plein temps du centre, j'avais à cœur d'apprendre aux enfants à connaître ces animaux par un contact direct, ce qui me permettait de les initier au respect de l'écosystème. À dire vrai, je reste étonnée de voir que les petits manifestent une plus grande intuition de l'essentiel que les adultes.

C'est aussi sur moi que j'ai beaucoup appris grâce aux loups. Ils m'ont permis de confronter l'amour avec la mort, ce drame à deux faces d'éternité et de néant. Qui a saisi combien leur présence, la présence de l'essence de la nature qu'ils incarnaient, exacerbait ce qu'offrait la musique : la condition même d'un possible accès pour chacun à l'expérience métaphysique ? Les loups et la musique ont fondé ce Moi, qui est tous les êtres, et qui introduit dans l'histoire l'énergie métaphorique de l'harmonie. Les loups, associés à la musique, recélaient à mes yeux, et c'est toujours vrai, certains mystères de plénitude ; ils m'associaient à l'intimité des choses, ils intégraient la pluralité de mes attentes. Par ailleurs, les loups m'ont apporté une certaine forme de sérénité : ils n'autorisent aucune tricherie. Ils appellent un ordre élevé d'émotion, de sincérité, d'engagement, qui a nourri mon jeu et continue de le faire. La musique et les loups ? En fait, tous deux veillent sur des secrets anciens, et pourtant plus que jamais actuels.

Que vous a apporté votre exil américain, une expérience qui fut aussi celle de Serge Rachmaninov, Igor Stravinsky ou Arnold Schönberg ? Surtout que vous êtes partie en laissant tout derrière vous, dans un geste courageux. Il est vrai que vous aviez déjà passé toute votre adolescence loin de chez vous, en étudiant au Conservatoire national de Paris, et non à Aix-en-Provence, où vous ne reveniez que pour les fins de semaine…

Dès mon enfance, j'ai eu le sentiment de n'être nulle part à ma place. Je ne me sentais pas plus aixoise que française, en dépit de mes origines. Après mes années parisiennes, j'ai voulu repartir depuis le commencement, aussi bien sur le plan pianistique qu'humain. Faire l'expérience de l'anonymat s'est avéré indispensable. Ma renaissance a été à ce prix : j'avais besoin de solitude. Pourquoi les États-Unis ? Le hasard en a décidé ainsi comme je vous l'ai dit, puis j'ai mis en application cet aphorisme du poète Edmond Jabès :

« Si tu ne connais pas ton chemin, demande-le à celui qui comme toi le cherche. » J'ai rencontré là-bas, notamment à New York, beaucoup d'artistes de mon âge qui se cherchaient aussi. Ils étaient venus comme moi se frotter au fusil le plus rugueux qui soit, le plus impitoyable aussi, pour aiguiser leur vocation. New York offre peu de place aux amateurs et moins encore à l'imposture. Les Américains ont, à l'égard du travail, quelle que soit sa nature, une qualité inestimable, leur ouverture d'esprit. Ils manifestent une aptitude, intelligemment pragmatique, à juger les œuvres à leur qualité et non pas en fonction de la personne qui les porte, ou du commentaire qu'on pourra en faire. On estime le talent, et non celui qui l'exprime.

Diriez-vous que vous avez changé ?

Oui et non. Je n'ai jamais aimé la demi-mesure mais, après toutes les expériences que j'ai pu faire, de l'exil, de la solitude, de la création du Centre, après m'être rodée à l'exercice de la scène, je crois avoir trouvé l'équilibre, sans pour autant modérer mes passions en rien. Après toutes ces années passées sur ce continent, je vois les choses différemment. J'aime la France bien davantage que par le passé, peut-être parce j'y suis devenue une étrangère. Par ailleurs, il y a certains aspects déplaisants aux États-Unis que j'ai découverts, mais ils ne m'ont pas contaminée. Inutile d'insister. En revanche, j'y ai pris l'habitude de deux choses que j'ai du mal à retrouver ailleurs, et qui me manquent très vite lorsque je m'éloigne trop longtemps : d'une part, la vraie gentillesse des gens. Les Américains ont un côté naïf, encore pionnier, et une spontanéité qui me plaisent et que je rencontre plus encore chez les femmes – ce petit quelque chose de conquérant, une forme de courage particulière, d'audace, que des héroïnes comme l'aviatrice Amelia Earhart, qui fut la première à traverser l'Atlantique avec son petit avion et qui a mystérieusement disparu en mer, ou comme Diane Fossey, mon inspiratrice, qui a dédié sa vie à la protection et à la préservation des gorilles, cristallisent et incarnent. D'autre part, j'aime en Amérique les grands espaces qui existent encore à travers tout le pays, et qu'ils soient partie prenante de la culture américaine et de l'éducation de la jeunesse – l'immersion dans ces immensités fait partie du cursus scolaire. Les *summer camps*, dont Hollywood nous a souvent donné un aperçu, plantent leurs tentes au cœur des grands parcs, où le monde sauvage, au sens noble du terme, trouve encore à se perpétuer. J'aime de toutes les fibres de mon corps ces espaces où la présence cancéreuse de l'homme ne s'est pas partout répandue. La nature s'y déploie, s'y offre un avenir, et je m'y sens exactement à ma place, je m'y sens… rassurée. C'est dans certains de ces mondes que j'ai éprouvé des sentiments extrêmement puissants, presque violents, comparables à ceux que me prodigue la musique.

Vous décrivez un sentiment précis que ceux qui vous écoutent ressentent souvent, et au concert comme nulle part ailleurs. L'impression que ce monde est accolé à quelque autre monde, invisible à l'ordinaire, mais dont la présence, lorsque vous le révélez, peut sans doute nous sauver. Mais de quel sentiment voulez-vous parler ?

Pendant la pandémie, j'ai dû traverser les États-Unis en voiture, depuis la Californie jusqu'à South Salem, sur la côte

Est. Du sud-ouest au nord-est. Le confinement avait immobilisé tous les avions au sol. Pendant ce trajet, j'ai saisi l'occasion d'aller marcher seule – seule mais avec mes deux chiens – dans le parc naturel de Bryce Canyon, dans le sud de l'Utah, qui a inspiré une œuvre à Olivier Messiaen, *Des canyons aux étoiles*. Une carte des lieux et des randonnées possibles à la main, pour profiter au mieux des merveilles de la région et de ses panoramas, je suis partie d'un bon pas, mes chiens sur les talons. Personne ne s'était encore aventuré sur les chemins, malgré l'heure pourtant relativement avancée. Sur les recommandations du dépliant touristique, j'avais choisi de suivre le sentier Navajo et Queens Garden – deux à trois heures de marche m'attendaient, tout en montée. Il faisait frais. Nous étions à quelque deux mille huit cents mètres d'altitude. Le parfum des résineux et celui, subtil, de la neige fondue et des herbes rouies embaumaient l'air. Bientôt, je pénétrai dans un labyrinthe, et enfin, au terme d'une longue foulée, je débouchai sur le site.

Il est impossible de décrire l'émotion qui peut saisir le visiteur de ce théâtre naturel, s'il n'est pas averti. Il ne s'agissait pas de canyons à proprement parler, de ceux que j'avais pu deviner depuis le hublot d'un avion, approcher ou admirer dans des films ou des publicités – les vues tellement célèbres de ces vertigineuses falaises rouges donnant sur le fleuve Colorado. Non, il s'agissait d'une vaste déflagration du terrain que le sentier sur lequel je m'étais aventurée dominait, où des milliers d'aiguilles rocheuses, rouge sang, roses, ocre et orangées, se dressaient vers le ciel. Elles semblaient littéralement crépiter, ponctuées par endroits par les cônes aigus des grands sapins. Ce gigantesque champ de stalagmites était creusé ici et là de ravines plus profondes. Le vent, la glace, le sable, le temps surtout avaient évidé et sculpté la roche, et créé ces flèches vertigineuses. Accrochées à flanc de falaise, elles dessinaient des cheminées si fantasques, si inouïes, qu'elles semblaient l'œuvre de fées dont elles portaient d'ailleurs le nom. Je ne me lassais pas d'admirer ces « *hoodoos* » qui piquaient l'air d'un bleu intense et profond, presque marine. Je compris d'un seul coup pourquoi Messiaen avait choisi ce titre, *Des canyons aux étoiles*, et désiré que cette œuvre fût « géologique et astronomique, une partition de couleur », saturée des teintes en camaïeux dont l'infinie subtilité s'offrait à mes yeux. Quel autre paysage pouvait illustrer, symboliser, incarner presque, le surgissement d'espoirs et de promesses, la fraîche nouveauté de cette terre jusque-là inconnue pour les vagues d'immigrants de la si vieille Europe ?

Je suis restée là, immobile, pendant presque une heure, à contempler de toutes mes forces. Il n'y avait pas un bruit, sauf le vent qui jouait entre les tuyaux de ces orgues minérales et, plus ténu, le concert des oiseaux que Messiaen a invités dans son œuvre. Ce décor, comme la partition, avait une dimension mystique bouleversante. Le paysage semblait frémir, non pas d'être dans l'érosion, mais dans l'irruption continue, comme au cœur d'une genèse balayée par l'ardeur du soleil, haut maintenant dans un ciel inaltérable. Je me suis souvenue des propos de Paul Gauguin : « Je crois que les disciples fidèles du grand art seront glorifiés, et qu'enveloppés d'un céleste tissu de rayons, de parfums, d'accords mélodieux, ils retourneront se perdre, pour l'Éternité, au sein de la divine source de toute harmonie. » J'y étais. C'est alors qu'une émotion puissante, presque douloureuse, a gonflé ma poitrine jusqu'au bord d'un sanglot.

Vous êtes devenue une interprète iconique de la musique classique, de Tokyo à Stockholm, mais beaucoup de gens vous associent d'abord aux loups. Cela vous semble-t-il pesant, un fait de marketing, ou bien simplement le prix à payer que la notoriété exige de nos jours ?

Rien qui ait un rapport avec le marketing, croyez-moi ! Je ne me suis jamais déguisée en zoologue pour attirer l'attention sur moi. Le centre que j'ai créé pour préserver les loups exige de travailler jour après jour en milieu sauvage. Il s'agit d'un mode de vie radicalement opposé à celui du show-business. Tout comme à celui d'interprète. On n'épouse ni les loups ni la musique classique pour être célèbre. Votre remarque me rappelle ce passage d'*Emma Bovary,* si cruel : « Elle abandonna la musique. Pourquoi jouer ? Qui l'entendrait ? Puisqu'elle ne pourrait jamais, en robe de velours à manches courtes, sur un piano d'Erard, dans un concert, battant de ses doigts légers les touches d'ivoire, sentir, comme une brise, circuler autour d'elle un murmure d'extase, ce n'était pas la peine de s'ennuyer à étudier. »

Le public ne se trompe pas sur mes intentions. Je ne l'ai jamais entendu émettre les moindres doutes à ce sujet. Mais il est indéniable que les loups ont attiré certains éléments de mon public vers la musique classique et c'est une grande joie pour moi. Et qu'importe mes détracteurs ! C'est le risque à courir. On ne s'engage pas pour une cause si l'on tremble à l'idée de s'exposer, ou si l'on s'inquiète du qu'en-dira-t-on. Chaque fois qu'il est possible d'aider une prise de conscience du plus grand nombre, il faut s'y prêter, surtout s'il s'agit de défendre l'environnement. Quant aux commentaires qu'une telle action peut susciter, les dérapages sont inévitables. Par ailleurs, je suis très heureuse que ma notoriété de musicienne me permette de défendre cette cause qui me tient à cœur. Je peux corriger des idées fausses, et je peux participer, à mon humble niveau, à une mission qui devrait tous nous concerner et nous mobiliser : le respect de la flore et de la faune, autrement dit la survie de la planète. Tuer impunément les loups revient à dire que tout est possible par barbarie. C'est avec ce genre de violence que l'homme, en diabolisant les animaux, s'est offert le luxe de détruire notre maison mère, la Terre, et ce dans une course folle et aveugle à l'autodestruction. Comme l'écrivait Marguerite Yourcenar : « L'homme a peu de chances de cesser d'être un tortionnaire pour l'homme, tant qu'il continuera à apprendre sur l'animal son métier de bourreau. » J'ai éprouvé ce sentiment de révolte dès mon enfance, il m'habite encore et je veux croire qu'on peut changer le cours de ce saccage. C'est ce à quoi je veux me consacrer ; et je suis heureuse si cette double face de mon travail – protection de la nature et musique – sensibilise un public à l'une comme à l'autre. La postérité de ma fondation est une très belle récompense. Aujourd'hui, elle a dépassé les quatre millions et demi de followers.

Pourtant, un jour, au milieu des années 2000, vous avez quitté les États-Unis et vos loups pour vous installer en Europe, entre Berlin, en Allemagne, et le lac des Quatre-Cantons, en Suisse, où Rachmaninov, ce qui a été décisif, avait séjourné. Il est vrai que ce sont des pays à forte tradition musicale…

Lorsque j'ai entamé une carrière internationale, j'ai eu de moins en moins de temps à consacrer au Centre de conservation et de protection des loups. J'ai délégué beaucoup de responsabilités à des professionnels, dont la gestion du lieu. Je me suis dit que j'allais me consacrer intensément à la musique et je suis rentrée en Europe. Mais quelque chose de mon équilibre intime s'est rompu. J'ai retrouvé le sentiment étrange d'insatisfaction personnelle. Je travaillais d'autres œuvres, je répétais, je partais pour des tournées de concerts. J'ai ressenti à ce moment-là un besoin presque compulsif de rencontrer le public. Le besoin peut-être d'une forme d'amour plus large. Je crois que l'amour commence par une profonde sympathie, portée par une émotion profonde : une révélation en soi, et en dehors de soi, qui porte sens, à la mesure de chacun. S'il est un maître mot en matière amoureuse, ce mot tient, peut-être, tout entier dans celui-ci : *compassion*. La compassion ? J'entends le fait de prendre en soi les souffrances de l'autre, de lui donner toute sa tendresse pour lui rendre la joie devant la pure merveille d'être. Et ce désir secret, c'est avec le public qu'il pouvait s'étancher. C'était un désir sensuel, presque charnel. Le piano est sexué comme nous ; sa rébellion, sa nostalgie, ses affinités, ses tendances sont comme les nôtres aimantées par l'archétype de l'Androgyne. Elles obéissent à une érotique supérieure dont la musique favorise les élections et les contre-chocs, les drames et les résolutions : la musique ouvre un espace à toutes leurs aventures, à tous les miracles. D'ailleurs, en musique comme en amour, âme et corps ne font qu'un. Ce que veut le corps, l'âme aussi le désire ; où le corps s'attache, s'attache l'âme ; tous deux vont ensemble où le désir les appelle, et la portion la plus basse forme le piédestal et comme les fondations de la plus haute. Enfin, je voulais éprouver jusqu'à plus soif la vérité dont tout pianiste fait tôt ou tard le constat : la musique ne commence en réalité qu'avec l'auditeur, qu'à partir du moment où elle entre dans la chaleur d'un cœur et sourdement habite son silence. Un musicien – pour moi, un homme comme Serkin – n'est jamais si grand que par la grandeur qu'il révèle chez son prochain.

Pourquoi, après cette parenthèse européenne, êtes-vous revenue aux États-Unis, où on trouve, il est vrai, de grands orchestres ?

Pour des raisons d'écologie. J'éprouvais le désir de m'investir de nouveau dans la lutte pour la préservation de la nature et la survie des espèces menacées. D'une façon étrange, c'est en travaillant le *Deuxième concerto* de Brahms, loin de Salem où j'habitais aux États-Unis et où j'avais installé le Centre pour les loups, que j'ai été amenée à comprendre que les différentes sphères de mes activités, que je croyais séparées, étaient en fait profondément liées. La musique et les loups, l'écriture et l'écologie. Je m'étais sentie en état d'incomplétude en délaissant le sort de tout ce qui est vivant et que nous défigurons – espèces animales ou végétales. En fait, rien de ce combat n'était tout à fait accompli et ne le serait jamais, surtout si je baissais les bras en cours de route. On ne peut pas vivre sans musique, mais on ne peut pas vivre de musique uniquement. Cette lutte, c'est aussi ce à quoi s'était engagé Mat, mon compagnon, dans son travail photographique – ces correspondances entre musique et éléments, entre le son et l'eau dans ce qu'elle a de plus primordial à la vie. Où, sinon aux États-Unis, pouvions-nous mieux trouver matière à nos actions ? Elles se font d'ailleurs de plus en plus nécessaires, comme nous l'a rappelé l'irruption de ce virus capable de gripper une économie à l'échelle planétaire, ce virus dont on ne sait pas grand-chose, sauf à l'identifier aux images venues de Chine. Son apparition m'a rappelé celle du SARS. Dans mon livre, *Retour à Salem*, j'ai imaginé et établi l'hypothèse d'une corrélation entre la dévastation de la planète et l'apparition de cette grippe aviaire qui, déjà, nous avait tenus dans un état de terreur, lorsqu'en Chine des gens étaient morts de cette maladie nouvelle, transmise par le règne animal. Cette corrélation a été vérifiée. On n'a pas pour autant mis un terme aux déforestations, ni à l'exploitation abusive des derniers grands sanctuaires naturels. On n'a rien fait pour freiner le réchauffement climatique. La banquise continue de fondre et les grandes puissances d'accélérer le phénomène pour prospecter les sous-sols découverts par la disparition de la glace, ainsi que le permafrost, dont on sait la richesse en germes et virus inconnus. On ne peut plus se taire ni s'en remettre aux autorités pour faire quelque chose. C'est ainsi que je suis revenue aux États-Unis sans que ce retour me contraigne en quoi que ce soit. J'y suis heureuse. J'aime l'Amérique et, vous l'avez compris, ses grands espaces – cette ivresse d'espace qu'on peut y ressentir.

Ce que vous dites me rappelle Retour à Salem. *Était-ce un roman ou une autobiographie ?*

À Hambourg où elle répète le difficile et tourmenté *Concerto n° 2* de Brahms, la narratrice se retrouve par hasard dans l'étrange entrepôt d'un antiquaire. Elle y achète un manuscrit illustré de gravures et de partitions de musique, un miroir qui aurait appartenu à Lewis Carroll et une petite clé en or. Très vite, elle découvre que les manuscrits sont signés du pseudonyme qu'aimait utiliser Johannes Brahms et que les gravures, signées du célèbre graveur allemand Max Klinger, sont dédiées au compositeur. Tout – miroir, gravures et récits – évoque un univers fantastique et inquiétant. Elle fait traduire ces pages qui évoquent un voyage dans un lieu décrit comme le jardin d'Éden, mais un jardin en ruine, plongé dans un silence absolu et hanté par des fantômes. Les traductions de l'allemand, difficiles, lui viennent par bribes et la narratrice, de plus en plus intriguée par les analogies du récit avec l'actualité de la planète – extinction des espèces, réchauffement climatique encore plus rapide que ce que les schémas les plus catastrophiques avaient prévu, surdité des hommes au péril écologique, massacre des loups et des ours –, décide de rechercher, dans la vie de Brahms, ce qui a pu l'inspirer. A-t-il vraiment effectué ce voyage ? Ou bien tient-il ces histoires de Robert Schumann, dont il a été le confident ? Robert Schumann devenu fou qui n'a pas cessé d'évoquer, depuis son asile, des silences, une musique inouïe, des fantômes, des anges et des démons rouges ? Robert Schumann qui a été en contact avec Chamisso, écrivain mais aussi botaniste, parti en voyage d'expédition dans les mers du Nord, qui sont aussi le décor du récit de Johannes Brahms. Tous ont-ils découvert l'Autre Monde, dont les romantiques défendaient le principe, un monde parallèle dont la physique quantique défend aujourd'hui l'existence ? La narratrice enquête, et plus elle enquête, plus l'histoire l'absorbe, lui signifie qu'elle en fait partie elle aussi, comme si rien dans ses choix n'était dû au hasard, mais au contraire prévu de longue date. Comme si, par un jeu de doubles, de miroirs, depuis Schumann à Clara, Brahms à Hugo Wolf, des œuvres composées à celles qu'elle interprète, elle était investie d'un destin. Mais lequel ? Elle découvre enfin que le voyage décrit par Brahms, s'il a existé, doit être celui qu'il a fait dans l'île de Rügen, au nord de l'Allemagne, haut lieu de la mythologie germanique. Là, elle comprend que la musique seule ne suffit pas à sa vie. Elle doit revenir à Salem reprendre le combat qui est le sien : alerter l'opinion sur l'apocalypse de la Terre dont peu s'occupent réellement, comme le prouve l'indigence des derniers sommets sur la question, apporter sa voix dans les combats pour sauver les espèces menacées, dispenser la conscience écologique par la musique qui est intimement liée à la préservation d'un monde fait pour l'homme. C'est qu'à Rügen elle a compris que le jardin d'Éden n'est autre que la Terre, dont les hommes s'exilent chaque jour, et que l'enfer n'est autre que le paradis dévasté, peuplé des fantômes d'animaux disparus et massacrés, et infesté des poisons que nous déversons chaque jour davantage. Alors elle revient à Salem reprendre le combat pour ses loups, dont la chasse a repris sur la planète entière, et plus que jamais décidée à incarner, avec force, la vision et le message des romantiques – les derniers à avoir posé la beauté de la nature et de l'art comme principes fondamentaux du progrès, et comme seuls possibles pour l'avenir. À vous de décider si c'est un roman ou pas !

Il n'y a donc aucune ville qui vous ait conquise, dont le paysage ait eu une signification particulière pour vous ? Même s'il est vrai, comme l'a dit Baudelaire dans « Le Cygne », que « la forme d'une ville / Change plus vite, hélas, que le cœur d'un mortel ». À noter que Baudelaire y voyait un signe de la modernité…

Aujourd'hui, j'aime retrouver Paris, y flâner avec ma mère. Mais comme j'ai détesté cette ville lorsque j'étais au

Conservatoire, et dans les années qui ont suivi. Les jours si courts ! Les nuits si longues ! La lumière rare et les lampes qu'on allume au plein milieu de l'après-midi. Quand on se lève, il fait nuit. À peine le jour commence-t-il que l'on est à la fin. Paris me semblait un théâtre fatal : mille scènes étaient ouvertes les unes en face des autres et tout le monde y jouait, chacun pour tous, et tous pour personne. Les rues étaient des coulisses et les passants qui marchaient en tous sens savaient étrangement leur rôle. Plus que jamais, la vie avait son air hagard et triste de comédie. Il est vrai qu'à cette époque, je n'étais pas du tout émue par les paysages urbains. Non que je les trouve particulièrement laids. Il y en a même de beaux, voire d'étranges, ainsi ceux de New York.

C'est d'ailleurs grâce à New York que j'ai commencé à regarder les villes, et parfois à les aimer. Celle-là, je l'aime parce que c'est là, à mes yeux, que bat le cœur de l'Amérique dans ce que cette mégapole offre de mouvement, de promesse de liberté et de réussite aux individus venus tenter leur chance. Je me rappellerai toute ma vie le choc que j'ai ressenti lorsque je l'ai découverte. C'était après Tallahassee, une petite ville de Floride au milieu de nulle part. J'y avais débarqué à l'âge de dix-neuf ans et j'y ai passé quelque temps. C'est là que j'avais fait la rencontre d'Alawa, ma louve première. Lorsque j'ai quitté la Floride, j'ai jeté mon sac à New York. C'est de New York même que j'ai pu capter l'énergie qui a mis fin à l'épreuve d'extrême solitude à quoi ce premier séjour américain m'avait confrontée. J'y ai pris ce qu'elle m'offrait, et qui m'était alors salutaire, et à grandes respirations encore, avant de migrer vers le nord où vivre avec les loups – quelque chose de l'ordre d'un courant électrique puissant qui me traversait, une leçon de vaillance et de détermination à ne pas renoncer à moi-même ni à mes rêves. C'est une règle que la majorité des New-Yorkais vivent et à quoi ils se soumettent. En vérité, New York est un défi à la notion même de ville. L'échelle y est modifiée. Jamais rien ne s'y répète mais tout y est inchangé, puisque tout se réduit à une intense activité : faire exister la ville en existant soi-même avec l'intensité la plus grande. New York oblige à repenser tous les ordres dans une ébriété qui peut donner le vertige.

Il y avait une raison de plus à mon affinité avec cette mégapole – j'avais pu lui associer une musique, une sonorité, la *Rhapsody in Blue* de George Gershwin. On a rarement constaté une adéquation aussi parfaite d'une musique avec un lieu, et de ce lieu avec cette époque qui a vu surgir les promesses d'un renouveau et d'une terre d'innocence, de bonheur terrestre et de liberté – autant d'éléments qui m'ont attirée vers elle et qui m'ont attachée à ses espaces. Que cette *Rhapsodie* soit jouée, et New York surgit dans l'imaginaire. Lors de ce premier séjour, je n'ai pas pu m'empêcher de penser à mes confrères, pour ne pas dire mes coreligionnaires, ces jazzmen qui avaient débarqué à Big Apple, une pomme grosse comme le trac qui leur serrait la gorge, pour dire avec leurs cuivres et leurs percussions ce que les souffrances et les joies de leurs sœurs et de leurs frères de couleur mais aussi de tous les hommes leur inspiraient de musique – cette fameuse et incomparable « note bleue ». « Un pianiste est un architecte qui se sert du rythme comme matériau de base », m'a appris Leon Fleisher lors d'une masterclass mémorable. Lorsqu'ils tenaient toutes les variations d'un thème sur une même portée, c'est ce que les équilibristes du jazz réalisaient alors.

À mes yeux encore, la beauté de New York tient aux

symboles que fixe son architecture et qui résument les attentes des intrépides partis vers cette ville, le cœur empli de désirs. Les gratte-ciel, toujours plus hauts, qu'on aurait tout aussi bien pu appeler les perce-nuages. Et les ponts magnifiques jetés sur les autres rives, qui les relient mais marquent aussi la distance de Manhattan avec le reste du continent, avec le reste du monde. Parmi ces ponts, entre celui de Manhattan, de Williamsburg et de Queensborough, il y a bien sûr celui de Brooklyn dont j'ai aimé d'emblée parcourir la chaussée supérieure, et que le trafic intense des métros, des camions et des voitures fait vibrer « à la façon d'une lyre », comme le remarque Morand. De la musique encore dans la plainte mélodieuse des sirènes de ferries et de bateaux qui glissent sur les eaux de l'Hudson, cinquante mètres plus bas. Au gré des marées, l'Atlantique y pousse son courant et les tempêtes leurs rouleaux. Enfin, New York ne ressemble à aucune des autres villes des États-Unis qui se ressemblent toutes. Il n'y a qu'à New York que je me sens américaine. Et à South Salem avec les loups, que je me sens tout à fait chez moi.

Initiations

Vous m'avez dit un jour que votre mère vous a transmis sa passion pour Paul Cézanne, votre compatriote aixois, dont Rainer Maria Rilke, qui vous est également cher, a écrit : « Ses natures mortes sont miraculeusement absorbées en elles-mêmes. » Avez-vous été sensibilisée à l'art dès l'enfance ?

Oui, et c'est une chance que je mesure tous les jours un peu plus. J'en remercie mes parents, grands amateurs de littérature et de musique, mais aussi des arts en général. Il est vrai qu'ils étaient professeurs tous les deux et que j'ai bénéficié de leur propension naturelle à apprendre et à enseigner. Les discussions à la maison tournaient principalement autour des questions esthétiques et des livres illustrés que rapportait mon père à intervalles réguliers. Je les ai appris par cœur avec une passion dévorante pour les images. Les livres ont été mes premiers amis avant la musique. La bibliothèque de mes parents était une malle à trésors. Ils ont toujours eu un goût très sûr. Ils m'ont aussi appris qu'il n'y a pas d'autre intelligence que de rendre hommage à la beauté du monde, d'y prendre part avec amour et d'y ajouter le don de soi. C'est alors que l'on crée, et qu'on est objet de création à soi-même.

Ils m'ont fait découvrir Paul Cézanne, en effet originaire d'Aix-en-Provence, en promenade, lorsque nous partions vers la montagne Sainte-Victoire. Mais, plus encore, ils m'ont fait aimer l'Italie et ses artistes, de Giotto à Léonard, de Masolino à Brunelleschi, et tous ceux qu'un inventaire à la Prévert ne suffirait pas à désigner, Masaccio, Simone Martini, Paolo Uccello que j'ai retrouvé plus tard chez Antonin Artaud et, peut-être mon préféré, Sandro Botticelli. Je me souviens encore du jour où j'ai appris que son nom signifiait « petit tonneau » ! Quel rapport entre cet artiste que j'imaginais aussi beau que ses héros antiques et un petit tonneau ? Je me souviens aussi du jour où ma mère m'a montré que le cou et les hanches de la *Vénus* de Botticelli avaient des formes inhumaines. J'ai essayé de me la représenter dans la vie ordinaire et, inversement, j'ai tenté de me figurer ma maîtresse d'école aux dimensions de la déesse. C'étaient des jeux où la réalité se mesurait avec l'imagination, où l'humour et la rêverie tenaient une grande place. Par ailleurs, j'ai parfois eu l'impression physique que les visages auréolés de sainteté que l'on découvre sur les fresques de la basilique d'Assise étaient bel et bien l'expression de l'essence divine.

Cette initiation a-t-elle « servi » par la suite votre éducation musicale ? On sait qu'il y a des liens entre peintres et musiciens, comme entre Picasso et Satie, comme il y a des musiciens qui sont aussi peintres, tels Mikalojus Konstantinas Čiurlionis ou Arnold Schönberg. À l'inverse, quel peintre n'a pas représenté des musiciens ? Depuis les anges musiciens des cathédrales jusqu'à ceux, si énigmatiques, de Paul Klee…

Impossible de jouer la musique de Schumann et de ne pas croiser un jour la route de Caspar David Friedrich. De même, impossible d'interpréter Frédéric Chopin et de ne pas aimer Eugène Delacroix, surtout si l'on songe à l'amitié qui a uni ces deux hommes jusqu'au bout. Impossible encore d'écouter les concertos de Brahms sans avoir les eaux-fortes de Max Klinger sous les yeux. Ravel, Debussy ou Stravinsky ont des rapports étroits avec Bakst, Picasso ou Chagall. Plus jeune, j'ai eu une période Vincent Van Gogh : un homme seul, qui souffre, mais qui gagne sur sa souffrance ; l'auteur d'une œuvre radicale qui a bouleversé notre vision du soleil. Celui-ci a désormais pour moi l'allure de ses tournesols. J'ai par ailleurs une passion pour tout ce qui touche à la figure humaine. Comment ne pas être proprement « médusée » devant les portraits du Fayoum, de Rembrandt ou de Francis Bacon malgré leur absence de beauté, mais d'un rapport avec la beauté peut-être encore plus profond ? La peinture de Mark Rothko me touche également : des icônes laïques, dédiées au rythme.

En dehors de la peinture, avez-vous des préférences ?

Je suis très admirative de Frank Gehry, l'architecte du Musée Guggenheim à Bilbao. Il a créé une salle de concert à Los Angeles. J'y ai joué pour l'ouverture. Une merveille. Sinon, mon métier m'a donné la chance de travailler avec des photographes comme Sarah Moon, Annie Leibovitz ou James Nachtwey. Des artistes eux aussi, dont l'œil a la probité des compas. Et puis, comment ne pas faire le lien entre la musique et les beaux-arts ? Dans les deux cas, il s'agit d'une lecture des apparences. Le peintre est celui qui voit, le musicien, celui qui entend. Quand le peintre est un génie, l'apparence qu'il peint tend à devenir mieux qu'une copie de la réalité : son apparition. Peintre, sculpteur ou musicien, les différences importent peu. Tout artiste, s'il ne ment pas, n'a qu'un but : dévoiler le monde, le faire surgir, lui conférer sa beauté tragique. Ce pouvoir me bouleverse et il m'a attachée à certains artistes chez qui j'ai assisté à cette alchimie, ce dévoilement, et dans des domaines variés. Certains cinéastes par exemple sont de vrais poètes plastiques ; je pense aussi bien à Ingmar Bergman qu'à Emir Kusturica ou Quentin Tarentino. Sinon, j'aime particulièrement l'œuvre de quelques créateurs vivants, comme Goudji, l'inventeur d'un univers sacré, fertile en mythes, animé par une recherche du temps perdu, mais aussi d'un temps à venir. J'apprécie encore les œuvres de Gerhard Richter, les encres de Chine de Gao Xingjian ou les œuvres d'Augustin Frison-Roche…

Un artiste que j'admirais, et que j'admire encore aujourd'hui, c'est Balthus. J'ai appris sa mort à New York. J'ai aussitôt couru au Metropolitan. Je me suis recueillie devant sa *Montagne*, l'un de mes tableaux préférés. J'avais été très sensible au fait que ce grand peintre m'ait fait connaître dès 1998 son soutien pour la création de mon centre. J'ai fixé le tableau longtemps. J'ai eu l'impression que Balthus était devenu tous ses personnages, qu'il avait rejoint son cher Rainer Maria Rilke qui l'avait élevé, et la journée fut belle.

Tout cela, vous le devez à vos parents ? Preuve qu'il n'y a d'enfant ouvert que celui auquel on a offert cette ouverture, ce dégagement vers d'autres horizons que ceux de la nécessité ou, trop souvent, ceux de la violence…

Ils m'en ont donné la clé. Ils m'ont fait comprendre très tôt qu'en matière artistique, il ne s'agit pas de prouver mais d'émouvoir et de convaincre en touchant. De là, cette notion de *tact*, dans toutes les acceptions du terme. Un tact qui jamais ne s'amoindrit, ne disparaît. Je pense que ce sont les « grands vivants » que furent Beethoven ou Rachmaninov, ou encore les peintres que je viens de citer parmi beaucoup d'autres qui, même décédés, gouvernent nos existences en sursis. Si j'ai situé mon livre *Leçons particulières* en Italie, c'était en hommage aux origines italiennes de mes parents. Aux voyages que nous y avons faits pendant mon enfance.

Dans ce livre, j'ai voulu raconter un voyage imaginaire – voyage dans l'espace et voyage intérieur – entrepris pour guérir d'une désaffection pour la vie et la musique : un retour sur la terre de mes ancêtres, l'Italie, au plus profond de la culture qui est la mienne, des conversations avec d'étranges personnages que le destin jette sur ma route, des réponses à des questions essentielles que j'avais pourtant enfouies dans ma mémoire, tout ce qui m'apportera la clé que j'avais perdue pour ouvrir de nouveau la porte au désir, à l'échange, à l'enthousiasme et, enfin, à la musique dans ce qu'elle a d'urgence vivifiante. Le vieux Collectionneur que je rencontre dans ce livre, ou Béatrice dans le fouillis d'un jardin, m'apprennent, comme je l'ai appris de mes parents, à écouter la grande musique de la Terre, le souffle de l'Océan, les plaintes du roc ou celles de toute la faune apeurée. La communion avec les éléments, la méditation dans l'ouverture du ciel, la symbiose avec toute la nature.

L'Italie a-t-elle joué un rôle dans la formation de votre goût artistique ? Je me souviens avoir parcouru Rome avec vous.

Nous étions allés voir la statue de Marc Aurèle, l'empereur philosophe, dont Pierre Hadot a écrit qu'il s'efforçait de pratiquer trois disciplines fondamentales : « voir la réalité telle qu'elle est, en se libérant de tout préjugé passionnel, accepter avec amour les événements tels qu'ils résultent du cours général de la Nature, agir au service de la communauté humaine ». Nous étions ensuite allés sur le pont Sant' Angelo, où les anges font des haies d'honneur, puis vous m'aviez fait découvrir le Trastevere…

L'Italie est le pays de la beauté, de tous les contrastes, de la douceur de vivre comme elle a été cultivée à Rome ou à Florence, et d'un certain ascétisme, comme en Ombrie ou dans les Pouilles : chaque endroit semble être habité par un ange, ou attend de recevoir de nouveau sa visite. Enfin, je n'oublie pas que c'est le pays des artistes, les artistes italiens, mais pas seulement, tous les romantiques ont rêvé d'Italie : Liszt, bien sûr, mais aussi Brahms ou Schumann qui est allé dans la région du lac de Côme. En inscrivant mes pas dans les leurs, je me suis dit que ces paysages m'informeraient sur eux, sur ce qu'ils avaient aimé. Vous voyez, nous en revenons toujours à ce jeu de correspondances entre l'âme et la nature. J'ajouterai que ces musiciens m'ont permis de confirmer une intuition d'enfant : les paysages sont essentiellement musicaux. La montagne, que je regardais petite dans l'espoir d'y rencontrer Dieu, c'est Jean-Sébastien Bach. Plus on monte, moins on voit ce qu'il y a dessous ; plus la hauteur devient propice à se retrouver soi-même. La mer a été une prescience des œuvres de Debussy, de Ravel ou de Janáček. Il y a, entre l'eau et la musique, cette notion commune de flot, d'abondance ininterrompue, la sensation que l'une comme l'autre étanchent nos soifs, nous désaltèrent. Et comme l'eau, la vie d'interprète connaît des fluctuations, des variations de timbre mais aussi de puissance, d'énergie…

Les enfants surdoués sont moins rares qu'il n'y paraît : une question de circonstances le plus souvent. Qu'aurait-on su de Mozart – ce Mozart qui à l'âge de sept ans donnait des récitals de ses propres compositions à travers toute l'Europe –, si son père, lui-même musicien, ne l'avait encouragé ? De même pour Picasso, peintre de génie dès ses douze ans, sans doute entraîné par l'exemple de son père, professeur de dessin. De quoi donner raison à Menuhin, qui affirmait : « Il n'y a pas d'enfants prodiges, il n'y a que des enfants nés de parents prodiges. » Parlez-nous donc de vos parents.

Ma mère est originaire de Corse et d'Italie. Elle en a gardé le soleil et la gravité. C'est une femme qui a toujours été sublime grâce à cette force de caractère si trempée que j'aime tant. Je lisais récemment ces lignes de l'écrivain Angelo Rinaldi qui disent assez l'essence de l'esprit corse : « Quand le consulat d'Italie à Bastia abritait plus d'espions encore qu'une ambassade russe aujourd'hui, émerge, par exemple, dans un nimbe de martyr, une figure émaciée de Christ, celle de Fred Scamaroni, chef maquisard en lutte contre les armées d'occupation. Trahi par un mouchard, il fut arrêté au détour de l'un de ces sentiers de montagne bordés d'asphodèles qui, dans la symbolique des plantes, sont les fleurs du mensonge. Conduit par les Chemises noires du Duce dans une prison d'Ajaccio, prévoyant un redoublement de supplices, le Jean Moulin corse s'ouvrit les veines. Avec son sang, il écrivit sur les murs de sa cellule : « Vive de

Gaulle, Vive la France. » Quant à mon père, professeur d'italien d'une extrême générosité et intégrité, il tient également ses origines de la Méditerranée. Je remarque d'ailleurs que tous ceux qui en viennent ressemblent à Ulysse, manœuvrant parmi les courants les plus contraires pour échapper aux périls qui se renouvellent. Car, comme l'a écrit Salah Stétié qui était aussi averti de ces enjeux : « Je suis un enfant de la Méditerranée. Mais ma Méditerranée est la Méditerranée *noire* : celle d'Antigone et d'Ulysse. » Sans doute mes parents ont-ils reçu cet héritage en partage, mais entre soleil et noirceur, ils ont fait le choix de rester solaires.

À la question « Votre dernière extravagance ? », vous m'avez répondu : « Refuser une interview importante pour profiter de ma mère pendant deux heures. » Vous sentez-vous si proche de vos parents ?

J'aimerais être à la hauteur de ce que je sais de ma mère, et pour quoi je l'aime par-dessus tout. Ma mère a su transmettre la passion pour la vie. Avec cette passion, on peut tout traverser, et mieux : préserver l'intégrité de son être. Mon père est un homme réservé et sensible. Je lui ressemble aussi par bien des côtés : il a su être généreux, au point de me laisser être moi-même. De manière générale, je dois à mes parents d'avoir été portée par leur amour inconditionnel. Qui n'a pas en soi cette confiance donnée et redonnée aura à travailler deux fois plus dur. Combien de fois ai-je entendu tel ou telle me dire qu'ils avaient manqué de cette confiance si essentielle ? Or, s'il est un lien qui importe, c'est celui-ci : dans la vie donnée, mais la vie donnée *avec amour*. Un amour qui se prouve, se répète, ne fléchit pas, donne encore et encore, un amour qui donne malgré tout, car tel est le sens de l'éducation : savoir voir au-delà ce qui a lieu et ce qui doit avoir lieu dans le temps, et tendre l'arc entre ces deux points si éloignés. Jamais je n'ai eu le sentiment de ne pas avoir été désirée, ni de manquer d'un dialogue, où j'avais à écouter si je voulais grandir, et où j'ai grandi dans l'écoute au double sens de ce mot : je faisais attention à ce que faisaient mes parents, comme ceux-ci ne manquaient jamais de m'entourer de leur affection.

N'est-ce pas trop beau pour être vrai ?

Détrompez-vous. J'étais une enfant épuisante. J'étais toujours à poser des questions. Je ne tenais pas en place, j'éprouvais un besoin constant de me dépenser, que ce soit sur le plan physique ou mental, pour ne pas dire intellectuel. Étais-je hyperactive ? Sans doute. Même s'il faut s'entendre sur les mots. Car je n'avais aucun trouble de la concentration. Ce n'était pas que je passais d'une chose à une autre en m'en lassant, bien au contraire : j'étais capable d'une concentration constante, exigeante, épuisante. Je voulais toujours en savoir davantage, rien n'était de nature à me satisfaire, si bien que j'imaginais derrière chaque chose une solution improbable, qu'il me fallait vérifier, et pour laquelle j'étais capable de harceler mes professeurs. Mes parents ont été les plus prévenants qui soient : toujours présents, toujours bienveillants. D'ailleurs, ils le sont toujours, et ce dialogue si vivant entre nous m'est nécessaire pour respirer. Un ami disait que les mots les plus essentiels de l'existence sont les suivants : « S'il te plaît. Pardon. Merci. Je t'aime. » Ces mots décrivent non seulement un idéal, mais ce que je ressens dès que je songe à mes parents.

Vous retenez d'eux une expérience de liberté. Mais dans quel sens ?

J'ai aimé que mes parents aient leur propre vie. Ils n'ont jamais vécu à travers moi. Et maintenant, moins que jamais. Il est vrai que je suis devenue adulte. Mais cela aurait pu être ravageur quand je faisais mes études. Au Conservatoire, combien de fois ai-je vu des enfants sur les épaules desquels pesait le poids de la réussite, car, à travers eux, c'était une manière pour leurs parents de prendre une revanche sur leur vie. Mes parents m'ont encouragée, mais ils ne m'ont forcée à rien. Il leur semblait que la réussite ne tenait pas au fait de réussir, et que cette réussite contenait le risque d'un échec. Ils voulaient tout simplement que je sois heureuse et éprise de ce que je faisais, en toute liberté, par choix. À la même époque, j'ai vu des camarades de classe dégoûtés ou brisés par l'ambition de parents bien peu avertis de leurs propres enfants, qu'ils fatiguaient par excès de discipline ou de travail. Mes parents ne se sont pas identifiés à moi, bien au contraire, ils voulaient que je devienne celle que je portais et à laquelle ils m'avaient préparée : un être souverain dans sa « liberté libre », pour citer une expression étonnante de Rimbaud, qui dit bien que même la liberté doit être libérée. Et puis, comment ne pas les remercier ? Dès le moment où j'ai été reçue au Conservatoire de Paris, à l'âge de treize ans, ils m'ont laissée quitter Aix-en-Provence avec une grande confiance. J'ai vécu dans des familles d'accueil et je faisais les allers et retours à intervalles réguliers. D'autres se seraient alarmés ou auraient exigé que je revienne, ou auraient voulu me surveiller. Rien de tel ne m'est arrivé.

Qui a décidé de vous mettre au piano ? Vous ou vos parents ? Établissez-vous un lien entre le monde musical et celui de l'enfance, ce temps où les notions abstraites ne se sont pas encore substituées à l'ordre des choses ? Raison pour laquelle les enfants peuvent être des prodiges en musique dès leur plus jeune âge, tel votre ami Evgeny Kissin, quand le cas d'un Rimbaud est plus insolite.

J'avais une personnalité parfois double, facilement assaillie par le doute, avec des obsessions et des comportements de temps en temps mystérieux qui auraient pu faire de moi mon pire ennemi. Cela a certainement été un souci pour mes parents, qui espéraient pour moi le meilleur. Par ailleurs, j'avais un besoin vital de me dépenser. Ils ont donc cherché des activités, toutes sortes d'activités, pour canaliser ce trop-plein d'énergie. D'abord le judo, la danse, le tennis. Mais je restais insatiable, et aucune de ces disciplines ne m'a apporté l'équilibre et le calme attendus. Aucune ne satisfaisait cette espèce d'attente de quelque chose dans quoi m'engouffrer, et finalement dans quoi trouver une matière d'équilibre. Ce qui prouve que cette énergie était plus mentale que physique. Et puis soudain, la musique est apparue. Je n'avais pas de contact avec la musique classique hormis les airs que chantait ma mère. Jusqu'à ce jour où l'on m'a introduite dans un cours d'éducation musicale pour les tout-petits. Ils avaient trois ou quatre ans, j'en avais sept. Ce fut un éblouissement. Je m'en souviendrai toute mon existence. J'ai eu le sentiment que ma vie, soudain, basculait. Évidemment, à sept ans, je ne savais rien de l'avenir, mais à cet instant, j'ai su qu'il y aurait un avant et un après. J'ai compris que la musique ferait partie de ma vie pour toujours. C'était elle que j'attendais, dont j'avais besoin. C'était scellé. Une heure plus tard, quand mon père est venu me chercher, la jeune femme qui s'occupait du cours, Françoise Tarit, l'a pris à part pour lui dire : « Vous savez, je pense que votre fille a une aptitude pour la musique. Et ce serait bien qu'elle se mette au piano, du moins pour commencer. – Bien sûr, a répondu mon père. Essayons. » Et à partir de là, la musique a été mon salut. Il n'y a presque plus eu de place pour rien d'autre. Je dis « presque plus », car je continuais à ressentir un émoi de même nature en Camargue, face aux chevaux. J'étais frustrée de ne pas vivre avec eux en permanence, comme de n'avoir aucun animal de compagnie à la maison, même si j'avais accepté les arguments de mes parents. En appartement ils ne pouvaient qu'être malheureux. Je reste convaincue que cette frustration a aiguillonné ma volonté et mon énergie lorsque j'ai envisagé, pour la première fois, de créer le Centre de protection des loups.

Vous avez spontanément choisi le piano. Aucun autre instrument ne vous a attirée, ni séduite ?

J'ai choisi la musique et elle s'est présentée à moi par l'entremise d'un piano. C'était le seul instrument qu'il y avait dans la grande pièce où mon père m'avait emmenée. Françoise Tarit m'a demandé de m'asseoir. Elle s'est mise au piano. Elle a joué une petite pièce de Schumann qui m'a enchantée, comme je viens de vous le raconter. Je me souviens d'avoir respiré plus largement, plus profondément, et d'avoir eu l'impression qu'un chemin s'ouvrait. Chaque note a libéré en moi ces « millions de touches de tendresse, de passion, de courage, de sérénité » dont parle Proust. Je suis restée fidèle à l'instrument qui m'avait procuré cette sensation de délivrance. Mais j'aurais tout aussi bien pu devenir violoncelliste. D'emblée, j'ai eu une approche charnelle, sensuelle, de l'instrument. Un jour, j'ai pu étreindre un violoncelle. Je l'ai fait après avoir vu une petite fille au Conservatoire qui jouait, concentrée, les yeux mi-clos. Ses tempes étaient posées sur l'ambe. Son poignet gracile ondoyait souplement à chaque mouvement de l'archet. Ses doigts formaient des arabesques sur les cordes. J'ai ressenti une telle intimité entre elle et son instrument que je m'en suis emparée à mon tour. Avec lui, l'étreinte physique était totale et le contact a failli être fatal. Rien d'étonnant : je vis la musique à travers mon corps, comme une expérience de Visitation. Mais finalement, j'ai choisi de continuer avec le piano. Mon attirance pour le violoncelle s'est maintenue et le souvenir de cette première rencontre m'entraîne à jouer plus souvent avec des violoncellistes qu'avec des violonistes. Je l'ai retrouvée, intacte, lorsque j'ai rencontré Sol Gabetta en 2010, lors d'un festival de musique de chambre en Allemagne. Chacune présentait son programme de son côté. Quelques semaines plus tard, nous nous sommes retrouvées à Gstaad. Nous avions du temps. Je lui ai proposé que nous travaillions ensemble, de lire des partitions. J'ai été touchée par son approche particulière de la musique, spontanée, vivante. Elle aurait pu être cette petite fille entrevue au Conservatoire, des années auparavant. Nous avons eu un coup de foudre musical et amical, éprouvé par l'une et l'autre. Cette rencontre a été d'autant plus jolie qu'elle n'avait pas été prévue. La complicité de jeu s'est imposée de façon si évidente que nous avons décidé de prolonger ces moments musicaux et d'enregistrer le programme. Le duo piano-violoncelle fonctionne à merveille. Une entente légère et intense à la fois. Sol Gabetta révèle ce qui m'émeut dans cet instrument – un son qui se rapproche de la voix humaine. Ensemble, nous avons fait dialoguer Schumann et Brahms.

Récemment encore, on ne rencontrait que des garçons dans le parc d'attractions des enfants surdoués. Votre exemple démentirait à lui seul cette suprématie. Exemple que viennent encore renforcer une actrice comme Jodie Foster, la gymnaste Nadia Comaneci ou une violoniste comme Hilary Hahn. Attention néanmoins : le génie enfantin est souvent plus proche d'une perfection figée que vraiment créatrice. Arthur Rimbaud, super voyou mais fort en thème, imitant Virgile en latin à dix ans, commence vieux, quand Titien, bouleversant la peinture à quatre-vingt-dix ans, finit jeune. André Breton parlait du génie de la jeunesse éternelle, on peut donc aussi parler de la jeunesse du génie sans âge. Étonnants encore, les enfants aptes à apprendre par cœur la Torah ou le Coran et leurs milliers d'interprétations, ou les joueurs d'échecs comme Étienne Bacrot. Masaccio, Léonard, Liszt, la liste est longue des grands créateurs qui furent d'emblée géniaux. Mais elle ne saurait masquer celle des autres enfants qui ne donnèrent rien, malgré leurs dispositions, ni surtout la liste de ceux qui auront attendu la vieillesse pour offrir, au seuil de la mort, l'étendue de leur génie. Comment se vit la condition d'enfant prodige ?

Les enfants sont de la cire. On peut en faire ce que l'on veut. Il y a statistiquement plus de chances de trouver des enfants prodiges que des adultes prodiges. Toute la difficulté est d'évoluer. Le grand défi n'est pas l'enfance, mais l'âge adulte. Pour ma part, je n'ai pas été une enfant prodige. J'ai commencé le piano assez tard. Disons que j'ai eu des facilités. Mais depuis, quel travail ! Qu'on le veuille ou non, tout se ramène au travail ! Et j'entends, naturellement, un travail sur soi-même. Mais c'est un travail que j'ai tout à fait accepté, enfant. Je ne le percevais pas comme tel. J'étais d'une nature compulsive et je voulais toujours en faire davantage, aller vite, maîtriser la technique pour entrer dans des répertoires plus vastes. Je ne me rendais pas compte que peu d'enfants autour de moi vivaient la même boulimie d'exercices. L'enfant n'a jamais conscience du monde : il est le monde. Par la suite, j'ai compris que tout l'effort fourni dans l'étude consiste à retrouver cet état, augmenté de tout ce que l'on aura découvert dans l'intervalle.

Si la musique vous a sauvée, de quoi vous a-t-elle sauvée ?

De moi-même lorsque je me suis sentie perdue, enfant. Je dirais surtout de l'enfermement sur moi-même. J'avais de grandes difficultés à m'entendre avec les enfants de mon âge. Je ne saurais dire pourquoi exactement, si ce n'est à cause de ce caractère particulier que je viens de décrire, et de ma répulsion pour une certaine cruauté que ces enfants manifestaient à l'école, qui me perturbait beaucoup. Je m'étais alors repliée sur un monde imaginaire, que je construisais pour qu'il convienne à ce que j'appellerais les besoins de mon âme. Sur des contes, des évasions, des troubles obsessionnels aussi. J'avais la volonté de conformer le monde à un schéma personnel qui me semblait idéal. La musique m'a sauvée et me sauve chaque matin parce qu'elle a jeté un pont entre le monde réel et mon monde intérieur. Elle a répondu à mon besoin de beauté, ce qui n'est pas esthétique, mais athlétique : la capacité, grâce à l'émerveillement, de supporter le combat pour être soi-même dans la nuit de toutes les violences. La beauté est l'étalon qui nous permet de mesurer ce qui est purement humain, alors que tout est fait pour déshumaniser notre rapport avec le monde, le cosmos et l'autre.

Lorsqu'elle est entrée dans ma vie, la musique m'a ouvert un espace d'échanges fructueux, notamment sur les questions qui, à première vue, dépassent ce qu'on considère habituellement comme son domaine. Des questions sur la foi, sur la mort. Sur l'essence de ma participation au monde. Lorsque je parle de la musique, j'englobe tous ceux qu'elle concerne – les compositeurs, les interprètes et bien sûr le public. Ma rencontre avec Brahms a été déterminante. Mais tout autant celle avec certains de ses interprètes. Dans leur façon de jouer, il y a la manière dont la musique les a sauvés et les sauve eux aussi. La musique m'a appris à me libérer d'inquiétudes et d'angoisses, et à me réinventer, comme la musique de Bach a pu le faire de Glenn Gould. La musique de Bach l'a enfanté sur terre, comme Gould l'a élevée au ciel. Ou alors Hilary Hahn dans les *Partitas* – un accord de la musicienne, et l'univers est sauvé : je me sauve en lui, devenue musique moi-même.

Depuis que j'ai dix ans, la musique ne cesse de me défier ou de me combler. Elle me réduit à néant ou me relance au-devant de moi par sa seule présence efficiente. Comme les êtres qui manifestent autour de nous l'essence sacrée de la nature, je sens d'avance qu'elle découragera mes efforts pour l'appréhender, soit en termes d'être, soit en termes de choses. De la même manière, rien à dire sur cette pierre levée au bord de la colline, ni sur ce loup couché à côté de moi, si ce n'est qu'ils témoignent en pleine lumière d'une obscurité amicale et bouleversante. Mais dès lors que j'ai été renseignée sur les limites précises à partir desquelles aborder le phénomène musical, limites qui désignent un séjour sans limites, j'ai compris que la musique, si elle tend à rejoindre son essence, si elle tient à se déployer depuis l'intérieur de son mystère qui, quel que soit l'effort, demeure une grâce, la musique ne pouvait être pour moi ni un passe-temps ni un jeu.

Comment le pourrait-elle ? Elle recentre le temps qu'elle découvre de son voile selon une dialectique subtile. Elle ne vise pas à divertir malgré les apparences : elle me ramène au centre de la question des questions – celle du monde, de son devenir et, dès lors, du mien. Telle que je l'ai entendue et que je continue à l'entendre, à la suite des compositeurs que je préfère, la musique ne se propose pas de distraire l'homme de son destin, ni de le tromper, ni de lui promettre une fausse liberté, qui l'enchaînerait soit à un leurre, soit à un mensonge. En vérité, ce que m'a proposé la musique, et ce pour quoi elle m'a sauvée, c'est d'approfondir le mystère de l'existence, et de la mienne.

La musique sauvera le monde

Pendant deux ans, la planète a été mise comme entre parenthèses en raison de la crise née de la Covid. Vous-même, vous n'avez plus joué, ou presque, durant ce temps. Puis la guerre a repris en Europe. Qu'en pensez-vous ?

La pandémie que nous avons vécue a été inédite : difficile d'en parler brièvement et impartialement. Mon admiration est allée à l'ensemble du corps médical qui a sauvé tant de vies en travaillant sans relâche dans des conditions extrêmes. J'ai éprouvé une profonde compassion pour les personnes isolées, celles gravement contaminées, et pour les malades dont on a dû, faute de lits, reporter les interventions qui avaient un caractère d'urgence, ainsi que pour toutes les familles plongées dans le deuil sans avoir pu accompagner l'être aimé. Si je pense aux compositeurs que j'interprète le plus volontiers, comment ne pas se souvenir de ce qu'ils ont eu à traverser ? Bach a été contemporain des guerres de Silésie, Mozart a vécu les débuts de la Révolution française, Beethoven a fait face aux conquêtes napoléoniennes, Brahms a eu entre autres à surmonter la guerre entre l'Autriche et la Prusse, Rachmaninov a pris le chemin de l'exil, Chostakovitch a exprimé ce que fut l'horreur du siège de Leningrad. Tous ces grands compositeurs n'ont pas été absents de leur temps, des temps souvent bien plus violents que le nôtre. Mais tous ont su y faire face. Avec une grande humanité. Ce que nous entendons dans leur musique est l'accord fragile entre la tragédie commune à tous les hommes et à toutes les époques et ce qui vient la sauver, ce qui offre une délivrance. Sans doute notre temps a-t-il besoin, à nouveau, d'une « musique plus intense », selon l'expression d'Arthur Rimbaud, une musique qui dessine un espace où vivre en vérité, d'un temps où aimer par-delà les misères présentes. À l'heure où les prédictions les plus sombres nous assaillent, dans une surenchère parfois douteuse, sachons aussi être très confiants dans les ressources de l'harmonie : elle enjambe toujours les malheurs, elle y répond à un degré supérieur. La musique est une ouverture à l'infini. Rien ne pourra faire taire ce chant à venir. Sachons avoir l'oreille ouverte à ce qui va advenir, peut-être sur les pattes d'une colombe.

N'avez-vous pas l'impression que la musique classique est dépassée ? Qu'elle n'est plus audible dans notre monde où dominent la technique et l'obsession matérielle ? Un monde où, d'un côté, on nous promet la conquête de l'espace et des systèmes extrasolaires, et, de l'autre, où on assiste à une pollution sans précédent, une dégradation de toutes les espèces et de notre rapport avec les écosystèmes qui menace jusqu'à notre avenir…

Pas du tout ! Bien au contraire ! Par rapport à la pop, au rock, à la techno, la musique classique a tout à fait sa place, mais son échelle n'est pas la même, qu'on s'en désole ou non. Par rapport à l'époque de Bach, Haydn ou Mozart, le public de la musique classique est considérablement plus large. Quand Bach édite, à ses frais, *L'Offrande musicale*, il le fait à cent exemplaires. Sans compter ses œuvres qui n'ont pas été jouées de son vivant, ou si peu, alors que les *Variations Goldberg* enregistrées par Glenn Gould se sont vendues à des millions d'exemplaires. Gustav Leonhardt était d'ailleurs capable de s'agacer, avec un art certain de la provocation, du succès de Bach qui lui semblait proportionnellement inverse à la réceptivité de son message le plus profond par le public, surtout en concert, lors des deux grandes *Passions.* De fait, il n'y a jamais eu autant de gens pour s'enthousiasmer pour les grands compositeurs. Enfin, la musique classique a la clarté du jour qui vient, elle a la force de l'évidence. Les émotions que des hommes comme Schumann, Rachmaninov ou Silvestrov ont mises à jour n'ont pas d'âge : elles sont de tous les temps, elles concernent toutes les générations. Simplement parce que la joie, le rêve, la tendresse, la méditation, l'expression de la vie intérieure ne peuvent pas être altérés en fonction d'une époque ou d'une autre. À moins que ces notions ne soient elles-mêmes dépassées, auquel cas ni vous ni moi n'avons plus rien à faire sur cette terre. J'ai cependant envie d'aller encore plus loin. Peut-être fallait-il l'atmosphère dramatique de notre époque pour que l'intérêt essentiel de la musique classique se dégage. Car, tandis que la catastrophe fait sombrer la Terre, les villes et les hommes, dans une course à la destruction sans précédent, la musique classique est amenée à révéler le véritable usage de l'harmonie. Avec elle, on retrouve un moyen de résister au chaos ambiant. Elle permet de redécouvrir en toute sérénité une beauté possible, composée de sonorités inouïes. Pour tout dire, j'ai même levé une fois mon verre à la mort de la musique classique. Je persiste, dans un sens précis. Nous n'avons que faire d'une musique ancienne, conservée dans le formol comme ces espèces animales qu'on garde pour l'exemple. J'aime une musique *battante*, comme on le dit de la pluie. Celle qui vient du plus profond de l'être. Avec ce je-ne-sais-quoi de mystère mêlé de lumière. Des exemples ? Ce que des pianistes comme Lili Kraus ou Emil Gilels, et, plus près de nous, Maurizio Pollini ou Arcadi Volodos, pour ne rien dire des disparus tels Marcelle Meyer, Radu Lupu ou Nelson Freire, font avec la musique dite classique : ils la réinventent, depuis sa source, avec une énergie qui la rend contemporaine. Ils ne prennent jamais les notes comme un miroir qui réfléchirait une image de la musique, mais bien, au contraire, comme l'objet même de la vision, qui rend voyant.

De Pythagore à Pérotin, une même approche de la musique dans sa forme ascendante et évolutive a marqué les générations : une volonté d'exprimer le silence par des notes, de chanter la divinité, de communier avec elle au gré d'un savoir qui n'a cessé de croître grâce aux nombres, à leur valeur et leur pouvoir. Ces questions renvoient aux mystères de la théologie : comment être un et tous ? Comment être un et multiple ? Comment exprimer la fixité dans le mouvement ? Ou comment contenir l'infini dans une forme ? La musique a ceci de particulier qu'elle plaît aux sens, mais qu'elle s'adresse tout autant à l'âme. Vous êtes-vous demandé pourquoi la musique existait ?

C'est une question que je ne me suis jamais posée dans ces termes, parce que, dès ma première expérience musicale – j'emploie ce mot dans le sens où l'on parle d'expérience sexuelle –, j'ai eu la réponse, tant j'ai voulu vivre et revivre infiniment ce moment d'extase. Je vous ai raconté cette découverte chez ce professeur, et grâce à Schumann. On ne pose pas de questions quand on a la conviction d'avoir la réponse et que le doute ne vous effleure pas. Mais il faut s'astreindre à vérifier, à soumettre à l'épreuve les vérités sur lesquelles nous reposons nos vies, ne serait-ce que pour nous raffermir dans nos choix et nos vocations. Alors oui : pourquoi la musique existe-t-elle ? Cette petite fille, dont je parle dans le prologue de ces entretiens, m'a demandé à peu près la même chose à la fin d'un concert : « La musique, à quoi ça sert ? » Pourquoi existerait-elle, sinon pour porter secours au plus malheureux, pour le sauver dans les pires circonstances, rendre son cœur à celui qui l'a perdu ? Tout interprète comprend très tôt, intuitivement, que ce n'est pas le musicien qui compte, ni la musique non plus d'ailleurs. C'est l'auditeur seul, et cette étoile qui se lève, inattendue et impossible, dans le ciel de sa tristesse, la chaleur dans son froid, l'espérance inconnue dans l'océan connu et tourmenté du désespoir. Pour cela, la musique est essentielle à l'individu, et elle l'est depuis la nuit des temps. Quand elle se déploie, l'amour est là. Ni dans celui qui donne, ni dans celui qui reçoit, ni même entre les deux : il est l'échange de l'un à l'autre. La musique est cet échange ; le musicien, celui qui l'inaugure. Cette pensée, Shakespeare l'a faite sienne dans *La Tempête*, son ultime chef-d'œuvre, lorsque Prospero, le mage aux mille sortilèges, fait ses adieux au monde pour renaître à lui-même, sur un autre plan : enfin libre. Prospero incarne alors l'espérance de l'amour à venir, il rend sensible à chacun une sérénité ardente, mais détachée, qui survit, sans l'effacer, à la tristesse de la tragédie qui fait le fond de toute existence. Pourquoi évoquer Shakespeare quand vous m'interrogez sur le sens de la musique ? Parce qu'il est impossible de ne pas relier sa pièce, *La Tempête*, à la sonate du même nom de Beethoven, tant le lien de cette œuvre à l'autre est essentiel, tant il a été souligné par le compositeur lui-même : la tempête est le temps de la passion. Une passion héroïque et contemplative qui a trouvé son terme dans une révélation parfaite pour le cœur. À une certaine hauteur, le cœur n'est pas disjoint de l'esprit qui le révèle. Lorsque le sentiment amoureux devient si fort qu'il faut qu'il explose hors de soi, aucun verbe ne l'exprime mieux que la musique. Qui pourrait nier la volupté spirituelle dans laquelle elle nous plonge ? Le sentiment qu'elle réveille et révèle en chacun de nous, que rien n'est plus merveilleux, mystérieux et irremplaçable dans notre existence que notre essence sentimentale. La musique éclaire ce chemin vers la plénitude que nous rêvons tous d'emprunter, et de parcourir notre vie durant. Chaque musique raconte non sa propre histoire, mais la nôtre. À chaque morceau correspond une part de mémoire créatrice. Novalis l'a merveilleusement dit : « Nous rêvons de voyages à travers l'univers. L'univers n'est-il donc pas en nous ? Les profondeurs de notre esprit nous sont inconnues. Le chemin mystérieux va vers l'intérieur. » Et Hölderlin : « Tout est rythme ; le destin tout entier de l'homme est un seul rythme céleste. » De fait, la musique ne s'appréhende que dans l'instant. Et l'expérience qu'elle propose consiste justement à étreindre dans l'instant l'illimité, la plénitude, l'infini surgissement de richesses inouïes. Les philosophes donnent un nom à ce monde fabuleux que la musique propose aux hommes, c'est l'Univers des Possibles, un univers où tout est à tout moment possible. Pourrait-on dire autre chose de l'amour ?

Un penseur de la musique comme Jacques Viret prend à la lettre le défi posé par Orphée, le rhapsode de la Grande Grèce : comment chanter, comment porter le chant au-devant de soi quand la mort survient et vous arrache à l'amour, comment faire entendre la mort dans le chant, c'est-à-dire comment confronter la mort et la vie, et faire de la mort la condition d'une vie nouvelle ? Vous, Hélène Grimaud, comment faites-vous entendre votre analyse, toute verbale, à travers la musique que vous interprétez ? Et tout d'abord, qu'est-ce qui distingue, au fond, un interprète d'un simple pianiste ?

La virtuosité. La virtuosité qui n'a rien à voir avec de la performance, de la démonstration, de l'affichage, mais qui indique le plus haut degré d'excellence professionnelle – dans tous les domaines d'ailleurs, pas simplement la musique. Elle inclut une technique aiguë, qui ne doit pas être confondue avec la dextérité. Il ne s'agit pas d'une simple question de contrôle musculaire ou de vélocité. La virtuosité, et la technique qu'elle exige, s'entend comme l'art de trouver le parfait équilibre, la balance idéale, entre ce que l'interprète désire faire entendre et ce qui doit être entendu de l'œuvre. Bach demande cette virtuosité. Avec lui, il s'agit de jouer avec toute la technique qu'exige l'œuvre, sans jamais que cette haute technique, cette vélocité ne la vident de son essence spirituelle ou l'en appauvrissent. Il s'agit de jouer de telle sorte qu'on ne sache plus où l'une commence et l'autre finit. Traduire cet alliage sublime, la transcendance et l'universalité de cette musique, je dirais son mystère : ce mystère qui tient à ce que Bach touche l'âme de chacun, en tout temps, en tout lieu, même lorsque cette personne n'a aucun contact avec la musique classique. Ce n'est donc pas par hasard qu'à chaque âge les compositeurs se soient tournés vers lui pour se découvrir et se connaître eux-mêmes. Beethoven, Mendelssohn, Schumann. Brahms a été profondément influencé par la texture contrapuntique de l'écriture musicale de Bach et par la construction chorale de ses mélodies. Il en est de même avec les interprètes, qui mesurent leurs progrès techniques et spirituels dès qu'ils jouent Bach. Pour un pianiste, il est la pierre de touche qui garantit l'honnêteté de son jeu.

Vous me demandez par ailleurs comment faire entendre mon analyse – toute verbale – dans la musique que j'interprète. Je réponds, sans hésiter : dans le travail de conception d'un disque. On se contentait, il y a encore peu, d'enregistrer telle ou telle œuvre d'un musicien, voire de se lancer dans l'intégrale de ses œuvres. Les interprètes conçoivent aujourd'hui non pas des « concepts », mais des alliages, des juxtapositions, des suites de morceaux choisis pour éclairer une vision particulière d'un état d'âme ou illustrer un point de vue sur le monde. C'est une approche plus impressionniste mais peut-être aussi plus philosophique. Elle a l'avantage de mettre l'accent sur une réflexion que l'interprète peut nourrir sur l'essence même de la musique et sur le monde, et, partant, d'offrir des portes d'entrée plus nombreuses au public sur ce qu'on appelle, largement, la musique classique. L'idée n'est pas nouvelle. Marcel Proust l'a pressenti dans ses lignes consacrées aux idées de Swann sur la musique. Son personnage loue le talent – et parmi eux l'imaginaire Vinteuil – des quelques grands musiciens « qui nous rendent le service, en éveillant en nous le correspondant du thème qu'ils ont trouvé, de nous montrer quelle richesse, quelle vérité, cache à notre insu cette grande nuit impénétrable et décourageante de notre âme que nous prenons pour du vide ou du néant ». Quant à moi, c'est aussi pour rappeler pourquoi la musique existe, un pourquoi qui tient dans le testament de Prospero – « Et je finirai dans le désespoir, / Si je ne suis pas secouru par la prière, / Qui pénètre si loin qu'elle va assiéger / La miséricorde elle-même, et délie toutes les fautes. / Si vous voulez que vos offenses vous soient pardonnées, / Que votre indulgence me renvoie absous » –, que j'ai tenu par exemple à coupler *La Tempête* avec la *Fantaisie chorale* de Beethoven et le *Credo* d'Arvo Pärt.

Selon vous, qu'est-ce qu'avoir le sens de l'éternité ? Est-ce le propre du dévoilement musical ? À moins qu'il ne s'agisse que d'une illusion ? On peut certes créer les apparences de l'harmonie, mais le risque n'est-il pas grand que celles-ci nous leurrent ? Et dès lors, ne faut-il pas combattre ce mythe superposé au réel, comme a pu le penser Léon Tolstoï dans La Sonate à Kreutzer *?*

Avoir le sens de l'éternité, ce n'est pas mettre l'Éternel au-dessus du monde, c'est naître à une autre réalité, enchâssée dans la première, à un autre état de l'amour qui remplace le premier dans une conversion à la joie. Ainsi par exemple Shakespeare tend-il la main à Beethoven, qui lui-même la donne à Corigliano, cependant que Pärt fait résonner un prélude de Bach, tous unis dans une même ferveur. La question de la musique a peut-être trouvé sa réponse : non pas dans le regret du passé, mais dans la création de l'avenir.

Permettez-moi d'insister : que signifie être un musicien classique aujourd'hui ? Ce « bel aujourd'hui » où on nous dit qu'il n'y a plus de garant théologique, ni même logique…

On juge une époque d'après ce qu'elle redoute et que la musique transcende en l'exaspérant : la crainte de l'enfer s'explique par le chant grégorien, l'éclipse espérée de Dieu par la naissance enthousiaste de l'opéra, l'émergence romantique du moi et son double de solitude native par toutes les musiques symphoniques. Il est une correspondance entre l'ascension spirituelle de l'artiste et le drame de l'humanité écrasée sous le pressoir des malheurs. Dieu mort, la poésie liquidée, la littérature exténuée, ne reste-t-il plus que la musique pour chanter dans la détresse des temps ? Pour abolir tous les « bibelots d'inanités sonores » : slogans politiques, paroles désabusées, discours négateurs. Pour autoriser un acte de foi, jusque dans le doute. Et qui sait, au-delà de la mort.

Que la musique fasse sauter toutes les ambitions, les valeurs et les censures, cela s'est déjà *vérifié*. Maria Yudina, Sviatoslav Richter, Heinrich Neuhaus, Maria Grinberg, Viktoria Postnikova, Elisso Virsaladze : même entravés, ces pianistes montraient une liberté *à l'œuvre* qu'aucun pays libre ne soupçonnait. Quelque chose d'entièrement donné, d'entièrement gratuit, un je-ne-sais-quoi en avant de soi de parfaitement arbitraire et de parfaitement impératif. Une ouverture *réassurée*. Je reste persuadée que les terribles orages qui nous menacent, cette atmosphère dramatique qui nous oppresse, rendront plus évident le besoin vital et urgent que nous avons de la musique, autant dire d'harmonie. Toutes les formes du mal terrestre, les servitudes, les lâchetés, les mensonges, sont, seraient, seront insupportables sans la musique et l'idée qu'elle existe, qu'elle peut encore être jouée et entendue, elle et son silence qu'on peut dire céleste.

On connaît la remarque d'Albert Camus au sujet du chanteur Casella au chant II du Purgatoire : *« La musique crée la vie. Elle crée aussi la mort. Que l'on songe à cet admirable passage de la* Divine Comédie, *où Dante, descendu aux enfers, rencontre un chanteur célèbre de son temps. Il lui demande de chanter. À son chant, les ombres s'arrêtent, subjuguées, oubliant le lieu où elles se trouvent, où il faut* lasciare ogni speranza, "laisser toute espérance". *Et elles restent là jusqu'à ce que leurs impitoyables gardiens viennent les chercher. » Vous venez d'évoquer la foi et la mort et vous semblez les associer. Étaient-elles, l'une ou l'autre, ou l'une et l'autre, des sources d'angoisse pour vous, et le sont-elles restées ?*

Comme la musique, la foi sauve. Comme la musique, la foi est une ressource contre l'angoisse. La foi, c'est ce qui relie les êtres. Peu importe à mes yeux le contenu de cette foi. Je n'aime que l'illumination qui la porte : celle-ci est universelle, en tout lieu, en tout temps. À l'extrême opposé, il n'y a guère que la mort qui relie les individus à ce point, d'où qu'ils viennent et quelles que soient leurs croyances. La mort est le secret qui joint la mère à son enfant, l'amant à son aimée et chacun de nous au monde, aux êtres et aux choses. Si vous aimez une personne, savoir que vous pouvez la perdre ne peut que renforcer l'amour que vous lui portez. C'est d'ailleurs en large partie ce qui m'a conduite à interpréter ce que j'ai appelé « les messes des morts pour ceux qui aiment », de Chopin et de Rachmaninov.

Maintenant, ne vous y trompez pas. Ma démarche n'est pas morbide. Elle est encore moins détachée de notre époque. Jamais plus qu'aujourd'hui, la mort n'aura été si présente, ni peut-être si dénuée de signification. Voyez la pandémie qui a endeuillé la terre entière. Chacun de nous a été frappé par l'ampleur de la catastrophe. Des centaines de milliers de personnes ont été emportées par le fléau. Pourquoi ? Quel sens cela a-t-il ? Autant de questions qui se posent de manière quotidienne à nous, mais aussi à l'échelle planétaire, dans un monde en proie à la folie et à la guerre de tous contre tous et, c'est la nouveauté de notre siècle, à la guerre de l'homme contre la nature et contre son propre univers. Le problème majeur, c'est que la télévision peut, entre autres médias, donner l'illusion que la mort est un leurre, que la publicité est un remède à nos angoisses. Puis, soudain, un proche décède, un raz-de-marée ou un cyclone effacent des vies innocentes comme on l'a vu il y a quelques années, ou bien un virus inconnu décime des villes entières. Nous voilà rappelés non pas à la réalité, puisqu'elle n'a jamais été oubliée, mais à la vérité : nous sommes mortels, et nous ne voulons plus affronter cette condition.

Il y a une fragilité inscrite en chacun de nous. Aussi, interpréter la *Marche funèbre* de Chopin ou la *Deuxième sonate* de Rachmaninov n'a-t-il rien d'incongru : c'est, en remettant leur musique dans notre monde, indiquer une transcendance *possible*. Et si la musique requiert la même approche que Dieu et la mort, ce n'est pas par hasard non plus ; cette approche se situe dans une ligne dont tous les points, pour être distincts, n'en sont pas moins reliés les uns aux autres par un fil ténu, mais puissant, ainsi la musique est-elle par excellence une méditation de Dieu ; par elle, on fait l'expérience de la mort, cependant que l'ordre que j'indique peut être renversé à l'envi, selon une équivalence quasi religieuse : Dieu est une méditation musicale, et il n'y a que la mort pour ouvrir en nous la région où la musique peut se déployer en vérité – cette mort dont nous faisons l'expérience à chaque instant, y compris dans notre relation érotique à autrui. De cette mise en relation des termes, je ne doute pas ; je suis même convaincue que d'aucuns puissent en faire leur miel, mais sans jamais prendre de risque, comme celui de vérifier, lors d'un concert, le bien-fondé de ces approches très précaires.

Je vous ai dit tout à l'heure que la musique m'avait sauvée d'une sorte d'enfermement sur moi-même. Elle continue de le faire tant elle propose d'ouverture sur le monde, sur ceux qui m'entourent et vivent cette époque en même temps que moi, avec moi. J'ai pu le mesurer avec cette *Deuxième sonate* de Rachmaninov justement. Je m'y suis engouffrée à l'âge de quinze ans. À l'époque, j'essayais de projeter toute ma vie dans la pièce. Aujourd'hui, ce n'est plus ma vie qui m'importe seulement, mais celle du monde, celle de l'univers. Un univers toujours plus beau et stupéfiant, et que je sens dramatiquement menacé, ce qui me procure une douleur intense, vive et permanente, et m'oblige à donner plus de musique encore.

Le poète Philippe Jaccottet parle à un moment d'une musique en ces termes : « On pourrait dire que s'il n'y a pas de dieu, ni de dieux, et s'il n'y en a jamais eu, pareille musique devrait en faire naître (…). Elle semble les rappeler dans cette musique, ils ont répondu. » Vous est-il déjà arrivé d'éprouver cette impression ? Cette foi, que vous évoquez, a-t-elle un nom particulier, est-elle une religion précise ?

Elle est le reflet d'une croyance. Je préfère rester humble. Je ne m'imagine pas d'une intelligence capable d'appréhender dans sa totalité l'origine, l'essence, la forme de cette croyance. Je ne suis pas capable de dire précisément si c'est une croyance en Dieu ou autre chose, ni d'élaborer une définition de Dieu.

Je crois au sacré, et son expression je la trouve aussi bien dans un arbre, dans une œuvre d'art ou dans une église. Cela dit, il y a des éléments de croyance que j'ai faits miens. Ainsi, je crois en un Au-delà. Je pense que nous avons le pouvoir de nous connecter au monde spirituel, un monde supérieur reflétant une réalité qui nous dépasse. La musique permet de l'entrapercevoir et même de le toucher de l'âme dans le meilleur des cas. Elle est pure transcendance et replace l'homme dans son humanité la plus noble. Elle répond à l'angoisse de l'avenir en dépassant la mort. Elle rassérène. Et permet de transfigurer le monde d'ici-bas. Parce qu'il faut bien vivre ! Ici. Maintenant. Tout de suite. Parce qu'on n'a pas de vie de rechange. Alors chaque instant doit compter. Être vécu pleinement. Dans l'échange avec l'autre. En le regardant bien droit dans les yeux. En lui souriant. C'est pour cela même que la compassion et l'empathie restent la plus belle quête d'une existence, dont la musique entrouvre le chemin. Déjà parce qu'elle facilite, avec une évidence rarement égalée par un autre médium, la création d'un lien avec l'autre. Est-elle ce passeur d'un monde à l'autre qu'on trouve dans beaucoup de mythologies ? l'anti-nocher ? Vous savez, ce personnage qui conduit la barque qui traverse le Styx, des rives de la vie aux rives des Enfers. Elle, c'est un voyage contraire à quoi elle invite – des rives de l'Enfer à celles de l'Éden.

Outre les meilleurs penseurs et écrivains qui ont traité de la musique, de Vladimir Jankélévitch à Pascal Quignard, de Charles Rosen à Claude Lévi-Strauss, vous lisez les essais de George Steiner, m'avez-vous dit, parce que, je vous cite, « il y développe une réflexion dense sur la question des rapports entre culture et barbarie ».

Oui. Une réflexion qui a nourri les miennes, sur la question de la musique. « Un artiste porte-t-il une responsabilité quelconque pour les utilisations malhonnêtes de ses inventions, auxquelles se livrent des barbares ? Lukacs tenait Wagner pour impliqué, jusqu'à la fin des temps, dans l'utilisation que le nazisme a faite de sa musique », se demande-t-il. À ses yeux, la foi dans les ressources de l'avenir, telle qu'elle a été définie par les Lumières, nous est interdite, et les camps de la mort marquent la limite de l'Occident. Mais par ailleurs, Steiner est un penseur profond du phénomène musical qu'il définit comme l'ultime mystère de l'être. Il confesse à la manière d'un Nietzsche post-moderne : « Une existence dépourvue de musique sérieuse serait d'une tristesse inconsolable. » C'est dans cette perspective générale qu'il faut saisir ses références constantes à Mozart, qu'il lui arrive de surnommer *alter deus* ou « présence tutélaire ». Et, de manière générale, sur la musique, George Steiner a des fulgurances que j'aime : « La musique "garde le temps" pour elle-même et pour nous. Elle règle le chronomètre à sa guise. » Ou encore ceci : « Il se peut qu'un Platon, un Carl Friedrich Gauss, un Mozart contribuent dans une large mesure à racheter l'existence de l'homme. »

Estimez-vous que la musique puisse être d'un quelconque secours dans ce que vous appelez la nouveauté de notre temps – la guerre de l'homme contre son propre univers ?

Si elle n'est pas « le » secours, elle est un recours indispensable à la surdité qui frappe les hommes dès qu'on leur parle de l'imminence de la catastrophe mondiale qui menace la planète. Elle occupe même une place indétrônable dans l'éveil des consciences. Il m'est arrivé dernièrement, lors d'une tournée, d'être prise dans un embouteillage monstrueux dû à des travaux. On construisait un autopont pour désengorger le carrefour où le taxi qui me transportait de l'aéroport à l'hôtel était bloqué. J'ai baissé la fenêtre et une sorte de rugissement effroyable a envahi l'habitacle de la voiture. À ma gauche, un bulldozer géant. Partout, des marteaux-piqueurs. On faisait rouler des cylindres de béton. Et par-dessus cette cacophonie, les klaxons rageurs des automobilistes. J'ai imaginé d'un seul coup que j'avais le pouvoir de couper ce son et de diffuser sur cette mégapole, et en cet endroit précis, la *Sicilienne* de Jean-Sébastien Bach. Nul doute que cette musique provoquerait un sursaut salvateur chez ses auditeurs. Elle leur ferait entendre, à coup sûr, l'ineptie de notre mode de vie et l'horreur de ce que nous nous imposons. Cette expérience, je rêve de la faire chaque fois que je traverse une situation identique. Quel autre verbe parle aux hommes, de façon universelle, de beauté et d'harmonie, et dans le même temps parvient à remuer en nous, dans les profondeurs de notre être, la nostalgie de l'Éden ? Qui pourrait oublier qu'au Royaume de l'Esprit, tous les anges sont musiciens ? Qui pourrait s'en passer ? En revanche, une question se pose tous les jours : qui a intérêt à l'assassiner ? Qui a intérêt à nous rendre sourds, et aveugles ? J'ai mon idée à ce sujet : ceux qui refusent leur « fatalité de bonheur », comme disait Rimbaud. Car quel plus grand plaisir que d'être en rapport avec Bach, Beethoven ou Brahms ? Une liste à laquelle ajouter Debussy, Ravel ou Alban Berg, et qui on veut encore : ce peut être le rire d'un enfant. La musique nous libère. Nous libérant, elle nous rend à notre liberté originelle sans quoi rien, aucune vocation, aucun destin ne peut être vécu. Or, comment pourrions-nous être libres si nous devenons sourds à Bach, Beethoven et Brahms dans un monde à l'agonie ? Quelle vocation pourra être soutenue, si personne n'entend l'appel, ni n'est capable de le propager ?

Allez-vous jusqu'à penser, pour paraphraser une formule célèbre que Dostoïevski prête au prince Mychkine, que la musique pourrait sauver l'humanité, comme vous dites qu'elle vous a sauvée vous-même ?

J'en suis certaine. À condition qu'on la fasse entendre à tous, et quoi de plus facile pour un langage universel ! – et dès la plus petite enfance. La musique est l'art de la conciliation, de la réconciliation. Plus que jamais, je suis d'accord avec André Breton lorsqu'il déclarait, dans le sillage de la pensée de Novalis : « Tout porte à croire qu'il existe un certain point de l'esprit d'où la vie et la mort, le réel et l'imaginaire, le passé et le futur, le communicable et l'incommunicable, le haut et le bas, cessent d'être perçus contradictoirement. » À mon sens, ce point de l'esprit, c'est celui que touche, que révèle la musique. Toutes les forces de vie s'affrontent dans la musique, qui les réconcilie. L'amour et la haine y sont surmontés. La musique, c'est le triomphe de la vie sur notre propension naturelle au saccage. La musique, c'est aussi l'expérience du silence. D'ailleurs, à quoi sert un musicien, finalement, s'il doit avoir une utilité ? Vous voyez, nous tournons toujours autour de cette question. Eh bien, je crois qu'il est le grand consolateur – et qui nierait que notre besoin de consolation est impossible à rassasier, comme l'a fait remarquer l'écrivain suédois Stig Dagerman ? Le musicien nous console en rappelant à nous le Beau, en lui donnant la vie et la parole. Je ne sais pas si la musique suffit à justifier notre présence sur Terre, mais elle rachète les horreurs dont nous sommes capables. Elle est une forme de charité, sa clef sonore peut-être. Quand j'écoute de la musique, je pense souvent au constat déchirant qu'avait fait la philosophe Simone Weil quelques mois avant sa mort, quand elle avouait son impuissance à concilier en même temps ces deux extrêmes, la grandeur de Dieu et l'extrême misère humaine. La musique offre cette conciliation. Elle offre à l'homme cette ouverture sur la Beauté et le chemin pour s'en approcher. Elle lui prouve qu'il y a autre chose que ces conflits, ces drames, ces difficultés, ces tragédies même que l'humanité traverse, et que chaque homme vit de façon très personnelle, dans une difficulté, une douleur souvent incommunicables. De là ce sentiment de solitude dont on fait toujours l'expérience, un jour ou l'autre. Qu'on le vive soi-même, ou qu'on le perçoive chez l'autre. La musique ne résout rien, c'est vrai, mais, j'y reviens, quelle consolation ! Elle nous apprend, comme le demandait Rimbaud, à célébrer la vie plutôt qu'à la maudire. Je me souviendrai toute ma vie du jour où j'ai su, de tout mon corps, de toute mon âme, non seulement que je lui consacrerai toute ma vie comme chez Françoise Tarit, mon premier professeur, mais qu'elle serait un baume, un chemin, une ressource ma vie durant. J'avais dix ou onze ans. Je commençais à peine l'étude du piano. J'ai entendu la *Sonate* d'Alban Berg. J'ai été… comment dire… fascinée, au sens premier du terme. Comme la souris face au serpent. Je ne pouvais plus m'extraire de cette écoute. Il y avait des couleurs, des vibrations, quelque chose d'extrêmement poignant aussi. J'entrais dans un mystère et je me demandais dans le même temps comment une musique parvenait à *créer,* voire à révéler ce monde. J'ai demandé à l'entendre encore, et de nouveau, j'ai ressenti cette fascination, cette sensation de mise au monde à la fois pleine de douleurs et de promesses. J'ai réfléchi à ce qu'elle suscitait chez moi, et qu'elle provoque encore aujourd'hui, au point que j'ai construit tout un disque, *Résonances*, autour de cette sonate. C'était un miracle de pureté et de subjectivité. L'émotion qu'elle faisait naître n'appartenait qu'à moi, en même temps je me sentais toute proche de l'âme du compositeur. D'ailleurs, si on joue bien ce morceau – avec un summum d'attention et de concentration –, c'est l'âme d'Alban Berg qui affleure à la surface des notes.

Iriez-vous jusqu'à dire que la musique est une forme de chamanisme ? Je sais votre amour pour la culture amérindienne.

Comment ne pas aimer la culture amérindienne ? Elle est tout entière résumée dans cette leçon du chef Seattle : « Traitez la terre, la nature et les animaux comme il se doit ; ils ne vous ont pas été donnés par vos parents, ils vous ont été prêtés par vos enfants. » Ou dans cette prophétie de Sitting Bull : « Quand ils auront coupé le dernier arbre, pollué le dernier ruisseau, pêché le dernier poisson, alors ils s'apercevront que l'argent ne se mange pas. » Et comment douter que la musique soit une forme de chamanisme ? Si la musique nous happe si fortement, c'est parce qu'elle établit un pont vers l'au-delà, comme cherche à l'établir le chaman, qui est l'intercesseur entre l'homme et l'Esprit – soit la quintessence du vivant, la manifestation d'une transcendance. Elle nous permet d'aller bien au-delà de ce que nous connaissons et de ce que nous croyons connaître et surtout, bien au-delà de ce que nous sommes. Elle est la possibilité d'une élévation par l'émotion, et par l'honnêteté : il n'y a pas de faux-semblants. Il y est question de vérité, tout simplement parce que la musique ne cherche pas à démontrer quoi que ce soit, ni à prouver quoi que ce soit. Elle révèle les accords invisibles du monde et concilie tous les contraires – tout comme le chamanisme. Elle est une vérité qui a sa preuve : elle croit et fait croire en elle. Elle ouvre un monde supérieur qu'elle nous donne à entendre et à voir. Elle rend la perfection au monde et l'harmonie avec elle. Elle nous rend voyants de l'invisible. En cela, me semble-t-il, elle est une spiritualité. À seize ans, avant de faire la connaissance du monde et de la culture amérindiens, je suis tombée sur une théorie d'Isaac le Syrien qui m'a intriguée, et que je n'ai plus jamais oubliée. Selon lui, Dieu a créé les anges en silence et, posé à la limite du spirituel et du sensible, l'homme qui réunit en lui tous les plans de l'univers, et pour cela « compose l'unique harmonie constituée de sons différents ». Ainsi, selon lui, l'homme est une âme musicale, un être porteur de musique. Selon lui encore, l'être humain est un être cosmique ; il ne se détache pas sur cet arrière-fond mais en fait partie. Et c'est la pulsation de cette vie cosmique qui explique une partie de son être. Cet écrivain, mystique, ascète, évêque, qui vivait au VIe siècle associait l'homme, l'harmonie et l'univers. Comment mieux dire l'essence spirituelle de la musique ?

Mais n'est-ce pas, au fond, la définition même de l'art ? La musique l'est-elle plus que les autres disciplines artistiques ?

Je préfère éviter les comparaisons. Elles sont toujours réductrices. Mais la musique a incontestablement trois caractères qui lui sont propres et la distinguent des autres arts. Comme l'a souligné un philosophe comme Schopenhauer, elle n'est pas assujettie à la *mimesis,* ni à aucun rapport avec la réalité. Elle ne ressemble à rien, ni ne donne l'image de quoi que ce soit. Elle est le sens de son sens. Nous sommes là dans le domaine pur de la création. Ensuite, alors qu'en poésie l'ordre du discours est d'aller de l'avant, celui de la musique est de revenir au commencement, de retrouver notre origine inentamée et de nous y ramener. Enfin, la musique n'existe pas sans interprète. Dans cet art des accords, l'accord entre le compositeur et son interprète est fondamental pour que le miracle ait lieu : le mystère de la création lorsqu'il opère au plus profond de notre être. D'ailleurs, je définis le rôle de l'interprète, du moins tel que je le conçois, comme celui d'un médium ou… d'un chaman. Le chaman se met à l'écoute du vent, de la pluie, des étoiles et des sphères, de l'eau et des forêts. Je dois me rendre entièrement à l'évidence du compositeur pour établir une connexion entre lui et celui qui écoute. C'est une chose de sentir et de comprendre quel univers et quelles émotions expriment ces notes noires posées sur une portée, c'en est une autre de parvenir à les faire entendre au plus juste de ma propre émotion et de ce que je ressens. Interpréter, c'est permettre au compositeur, par le médium de ma présence, d'être présent dans l'instant du jeu. Et c'est là que la nature spirituelle de cet art trouve toute sa spécificité, sa grandeur, son honneur même : la musique est l'art de l'incarnation – du moins pour moi. Elle nous place au cœur de ce mystère et de ce qu'il peut avoir de bouleversant par son pouvoir de révélation. Chaque musique raconte non son histoire, mais la nôtre. À chaque morceau correspond une part de mémoire créatrice.

Au piano

« Il savait que le souvenir même du piano faussait encore le plan dans lequel il voyait les choses de la musique, que le champ ouvert du musicien n'est pas un clavier mesquin de sept notes, mais un clavier incommensurable, encore presque tout entier inconnu, où seulement, çà et là, séparées par d'épaisses ténèbres inexplorées, quelques-unes des millions de touches de tendresse, de passion, de courage, de sérénité, qui le composent, chacune aussi différente des autres qu'un univers d'un autre univers, ont été découvertes par quelques grands artistes qui nous rendent le service, en éveillant en nous le correspondant du thème qu'ils ont trouvé, de nous montrer quelle richesse, quelle variété, cache à notre insu cette grande nuit impénétrable et décourageante de notre âme que nous prenons pour du vide et du néant. » Je sais que vous aimez ces phrases de Marcel Proust dans Du côté de chez Swann. *Comment procédez-vous vous-même pour que le mystère opère ? Avez-vous une méthode ?*

Hélas non. Il n'existe pas d'automatisme. Et il ne peut rien y avoir de systématique dans l'interprétation d'une œuvre, quand bien même on l'a scrupuleusement travaillée. Rien n'est jamais donné par principe. Il en est du jeu comme de la grâce ou de la prière. Le miracle ne surgit pas à chaque concert. Il ne surgit pas non plus avec n'importe quel compositeur. Chaque interprète trouve ses affinités électives avec quelques compositeurs – en écho à des harmoniques d'âme et de sensibilité, et selon des prédispositions de jeunesse. Il faut trouver le « son » qui nous est propre. Telle est la condition pour qu'il y ait bien plus qu'une simple exécution : une recréation de l'œuvre. Et encore, lors de certains concerts, on n'y accède pas. C'est frustrant, mais c'est aussi merveilleux parce que jouer devient un éternel recommencement. Je dois me réinventer chaque fois que j'entre en scène. Par ailleurs, ce miracle ne dépend pas uniquement de moi – l'orchestre joue son rôle, ô combien ! Il y a une alchimie qui s'opère avec lui, une sorte « d'en route » comme l'entendait Rimbaud. Une fusion que je comparerai avec celle de l'amour, quand deux corps se reconnaissent, se trouvent et n'en font plus qu'un le temps de l'amour, ici, le temps du concert. L'orchestre, c'est bien évidemment un corps multiple, doté d'une tête : le chef d'orchestre, et le miracle ne se produit pas avec tous. Mais quand il a lieu, vous atteignez des moments de joie pure. Je me souviens, par exemple, de l'enregistrement du *Second concerto* de Rachmaninov, sous la direction de Vladimir Ashkenazy. Nous n'avions jamais travaillé ensemble jusque-là, mais avant même de débuter l'enregistrement, qui a eu lieu à Londres, j'avais la conviction que si j'enregistrais cette pièce avec lui, il se produirait quelque chose de tout à fait spécial. Nous avons commencé tôt le matin, à neuf heures. Il faisait froid. La ville était noyée sous la brume. Et dès que le maître a levé sa baguette, tout s'est mis en place. S'il y avait eu l'ombre d'un doute sur le tandem que cet enregistrement initiait, il s'est immédiatement dissipé. Nous ne nous étions pas même parlé, mais nous nous étions reconnus. Nous avons joué le concerto en entier, d'une seule traite, et il m'a suivie avec la plus merveilleuse des souplesses. Certes, la dilection particulière que Vladimir Ashkenazy éprouve pour Rachmaninov est de notoriété publique. Il a défendu ce compositeur sans faillir, depuis ses débuts dans la carrière. Mais j'ai rarement expérimenté une telle évidence dans le travail avec un chef et l'orchestre qu'il dirige. J'en ai été doublement heureuse car ce disque de Rachmaninov était un défi pour moi. Mon premier disque à l'âge de quinze ans lui était consacré. J'ai grandi avec sa musique. Revenir à ce que l'on connaît déjà, paradoxalement c'est aussi perdre pied. On mesure mieux la distance parcourue avec soi-même ! Avec ce second enregistrement, je ne pouvais pas faire moins bien que la première fois, ni me contenter de faire aussi bien. Il fallait que ce soit supérieur et différent, sans parti pris de singularité. Ce deuxième disque ne devait pas être un commentaire du premier. Je le voulais tout à fait libre de références à mon premier travail. C'était donc une prise de risque maximale, mais c'est une sensation que j'aime, ce risque, me pousser moi-même dans les derniers retranchements et que tout ne tienne qu'à un fil. Et elle n'a pas diminué à mesure que j'ai mûri. Le secret d'une vraie interprétation consiste à incarner ce qu'on joue au moment *ad hoc*. La jeune fille que j'ai été à quinze n'a pas les mêmes pensées que moi, même si nous restons très proches. De même, j'ai attendu douze ans pour graver le *Deuxième concerto* de Brahms, après l'enregistrement du *Premier concerto*, sous la direction de Kurt Sanderling. Le déclic s'est opéré lorsque j'ai rencontré le chef d'orchestre Andris Nelson. J'ai su que le moment était venu pour m'attaquer à cette œuvre extrêmement difficile et complexe, que je m'étais contentée de jouer de temps à autre en concert. Quand le défi est relevé, je ne connais pas de plus grande joie que celle éprouvée dans ces moments si particuliers. En concert, le public en saisit d'ailleurs pleinement la magie. Lui aussi joue un rôle très important dans la survenue du miracle, par l'attention qu'il manifeste lors de la représentation – une acuité palpable, qui devient presque le souffle propre de l'interprète. Il apporte cette touche ultime, cette vibration de vie qui définit la musique comme la plus splendide métaphore du monde des émotions.

Avez-vous souvent connu cette intensité de symbiose avec un orchestre ? Je me souviens de répétitions au cours des années, que cela ait été avec Kurt Sanderling, Vladimir Askhenazy, Christoph Eschenbach, Vladimir Jurowski, David Zinman, Manfred Honeck, Valery Gergiev ou Teodor Currentzis, où le lien différent à chaque fois semblait proche d'une forme de perfection.

Je ne sais pas ce que vous entendez par « souvent ». C'est arrivé – je n'ai pas fait le compte –, mais à la pointe, comme cette fois-là, pas si fréquemment. Je me rappelle d'un concert avec l'Orchestre de chambre de la radio bavaroise. On jouait les concertos 19 et 23 de Mozart. Pendant la représentation, j'ai ressenti une sensation incroyable, très particulière, comme si la musique m'avait cueillie et emportée dans une sorte de vol en suspension au-dessus de mon instrument, mais aussi de tout l'orchestre. Je connaissais très bien tous les musiciens, mais ce soir-là, il s'est passé quelque chose de l'ordre du miracle. J'ai vécu avec eux un moment de grâce que depuis je rêve de retrouver chaque fois que j'entre sur scène. Je savais aussi que jamais je ne pourrais faire mieux. L'histoire a eu des conséquences désagréables. Ces concertos, il était prévu que je les enregistre quelques jours plus tard avec Claudio Abbado en Italie, à Bologne. Le souvenir d'excellence que je gardais de mon expérience avec l'orchestre de Bavière a créé une sorte de raideur, qui a porté préjudice à mon partenariat avec Claudio. Nous n'étions plus d'accord sur le ton à donner aux deux œuvres. En particulier sur la cadence du *Concerto n° 23*. Nous avons eu d'interminables discussions sur le thème de l'authenticité et de la pureté de l'interprétation. J'étais partisane de suivre l'exemple de Mozart lui-même, qui improvisait en interprétant ses propres œuvres. La cadence est ce moment où les musiciens posent leurs instruments pour laisser la parole au seul soliste, et le choix de la cadence, lorsqu'elle n'a pas été écrite par le compositeur, reste la prérogative du soliste. Je ne voulais pas y renoncer. Je voulais jouer la cadence de Busoni. Je l'ai découverte à l'âge de treize ans lorsque est sortie la version d'Horowitz enregistrée avec l'orchestre de la Scala de Milan, et dirigée par Carlo Maria Giulini, et j'en ai été bouleversée. Il s'en est suivi un bras de fer avec Claudio. Finalement, c'est cette cadence que nous avons jouée, mais, sans doute du fait de nos multiples discussions, nous n'avons pas connu l'osmose splendide, la relation fusionnelle, organique, que j'avais si souvent vécue avec lui auparavant.

Est-ce la raison pour laquelle, au rebours de Glenn Gould qui s'y est assez vite refusé, vous privilégez les concerts ?

Absolument. Il y a la promesse de tout un monde à chaque nouveau concert. L'enregistrement dans un studio est peut-être plus propice à un résultat parfait du point de vue de la technique, ou de l'acoustique, voire de l'intention, parce qu'on peut toujours revenir, corriger, reprendre un passage, mais il manque, à mon sens, l'essentiel : l'élan initial qu'imprime à l'œuvre la communion avec le public. En cela aussi la musique est spirituelle parce qu'elle nous relie, d'une façon universelle, non seulement à ce monde supérieur, mais les uns aux autres. Le concert rend à l'œuvre et à l'interprétation tout son sens : être entendues à l'unisson. C'est au cours du concert qu'on peut pleinement parler d'incarnation, et ce qui se passe est toujours unique, et profondément humain. Il y a un élan vital dans le concert vers quoi je tends toujours. La partition devient le centre de l'univers et je n'ai plus qu'à honorer ce à quoi elle m'oblige : délivrer tout ce qu'elle recèle, livrer tout ce qu'elle m'offre, dans un seul sens : dans un mouvement ascendant, pour ouvrir cet accès à l'universel qui est le propre de la musique. Et ce sont des moments extraordinaires que ces instants de liberté partagés avec le public, où plus rien ne compte, où l'on prend tous les risques, où l'on remet tout en cause, concentré sur ce qu'on joue mais également sur ce qui se joue dans la salle, conscient d'être ce passeur d'un monde à l'autre que j'évoquais tout à l'heure. Conscient aussi d'être le lieutenant de la musique. C'est alors que peut surgir l'instant magique, ce moment où tout semble s'aligner parfaitement, où l'on a la sensation que tout est là, sans aucun compromis, dans l'équilibre le plus parfait. Ce moment advient très rarement. Et c'est à la fois triste et heureux. Heureux parce que sa rareté prouve qu'il ne résulte pas d'une recette, ni d'un schéma appris par cœur. S'il en était ainsi, ce ne serait plus de l'art mais de l'artisanat. Il faut avoir l'humilité de l'accepter. C'est difficile à vivre, surtout quand on est perfectionniste. On a tellement envie que ce soit chaque fois comme on sait que ça peut être, que ça doit être ! Il faut hélas en faire le deuil. Et toujours recommencer. Se préparer le mieux possible, en aspirant au surgissement de ce quelque chose dont l'interprète n'est pas responsable. Quelque chose que j'appelle la « visite ». La visite de quoi, de qui, je ne saurais le dire. Parfois, ce peut être celle du compositeur. Parfois, c'est une présence bien plus universelle que celle de l'auteur lui-même. Il m'est arrivé de jouer Brahms et d'avoir l'impression qu'il était là. Vraiment. Et je pense que les gens ressentent alors le concert de façon beaucoup plus intense. Mais parfois, c'est le sentiment que l'essence même de la musique nous visite. Nous : l'interprète, l'orchestre et le public.

Pourtant, un enregistrement en studio donne l'œuvre à son summum. Vous pouvez être certaine de n'avoir oublié aucune subtilité, ni rien de ce que vous vouliez exprimer, et le studio vous met à l'abri de l'échec.

Certes, toutefois, ce n'est pas en visant la perfection, mais l'incarnation, qu'on touche au summum du partage. C'est dans ce sens que j'entends ce qu'a écrit Yves Bonnefoy : « L'imperfection est la cime. » C'est la part de l'humain, le contraire du mécanique, autant dire la part de l'émotion la plus vraie, à un instant donné – pourquoi celui-là plutôt qu'un autre ? –, qui permet que le miracle ait lieu. Le concert invite à une communion, une symbiose entre l'œuvre et le public. Il y a aussi ce rapport avec le temps que l'interprétation inaugure à chaque fois. Elle implique un unisson magnifique entre le compositeur qu'elle ressuscite d'une certaine façon, l'interprète qui l'incarne et celui qui écoute. Tout se passe dans l'instant singulier que crée la musique pendant le concert, un temps en surcroît du temps ordinaire qu'elle défait. Le succès est aussi éphémère que l'échec. Et chaque matin, tout est à recommencer. Chaque jour est une aventure musicale. D'un concert à l'autre, je continue de m'étonner – voire de m'émerveiller – de l'évolution de mon propre rapport avec l'œuvre. Je ne cesse de constater le travail que cette œuvre opère à l'intérieur de moi, et la refonte des certitudes que j'avais pu avoir. L'œuvre me remet toujours à ma place, et c'est au moment où je l'accepte, où j'admets la possibilité de l'échec, que tout devient possible.

J'ai lu qu'autrefois, en Chine, on organisait des concerts réservés à quelques amis intimes. Si dans cette assistance choisie un Européen parvenait à pénétrer, il demeurait frappé de stupeur : tous les musiciens étaient à leur place et se servaient de leur instrument, mais de manière à n'en tirer aucun son ; la flûte était toute proche de la bouche et le tambourin de la baguette. Mais tout contact était soigneusement évité. Ce qui n'empêchait pas l'orchestre de se livrer à la mimique habituelle aux autres orchestres. L'auditoire suivait avec ravissement les gestes désinvoltes du pianiste et le cheminement inspiré de l'archet. Il goûtait un plaisir pur à l'enchaînement des notes qu'il aurait pu entendre mais dont il n'avait pas plus besoin que l'archéologue n'a besoin d'un architecte pour reconstituer une cité antique (il saisit parfaitement le dessin à travers les ruines). Disons mieux : une exécution l'aurait gêné. Pour un plaisir physique qu'elle lui aurait procuré, elle aurait entravé la naissance de mille plaisirs intellectuels : s'il y avait eu exécution, il n'y aurait plus eu de jeu.

Pourriez-vous nous décrire un concert parfaitement réussi ?

La musique n'est rien si on ne la sent pas. Il faut l'engendrer de soi à soi. Alors, elle a une vie. L'ordre avant tout : nul hasard dans le rythme, ni dans les sons ; rien qui soit livré au calcul cependant : le moment règle l'inspiration ; aucune facilité, ni aucune licence, mais une liberté agissante ; le respect et la recherche de la plus rare et la plus profonde matière ; le souci de la forme pleine et tendue ; l'unité rigoureuse d'une musique ouverte à l'infini, enrobée au noyau qui se cache ; une peinture par allusions, les images suscitées les unes des autres, sans autre lien visible qu'un rapport fugitif de lignes ; la vision intérieure magnifiée par le spectacle mouvant des formes, ces nuées dans le vent ; la nature comme un bréviaire de réminiscences, rien qui peigne ou qui fixe : tout l'esprit sur le plan du rêve. Autant dire des moments exceptionnels, rares. Et parfois, la grâce n'est pas au rendez-vous.

Comment réagissez-vous à la critique, parfois laudative, parfois virulente ? Me revient la parole d'André Gide qui avait dit que son ami Jacques Copeau avait apporté à sa revue « la consécration de précieuses inimitiés ».

La critique est toujours virulente un jour ou l'autre et il faut l'accepter. Lui prêter oreille car il y a souvent quelque chose de juste dans ce qu'on vous reproche. En tant qu'artiste, on sait mieux que n'importe qui ce dont on est capable. Il ne faut pas non plus trop s'y attarder quand on la juge injustifiée. L'interprète, s'il incarne sa fonction, se situe nécessairement en amont de celui qui l'écoute. La valeur même d'un grand interprète réside dans la découverte ou la révélation de sensations sonores nouvelles, que son jeu provoque. Découverte liée à une nuance, à une vision même d'une forme originale. L'interprétation peut déconcerter, être récusée, mais il faut prendre des risques et accepter de ne pas être suivi ni entendu parce que la forme musicale, et c'est la seule forme artistique, ne peut être le fruit que d'une création sans cesse actualisée dans l'instant où elle est jouée. Il est vrai que l'interprète a le pouvoir d'exalter la musique, ou de l'anéantir. Liszt a écrit : « On ne saurait fixer sur le papier ce qui fait la beauté de l'exécution. » Il arrive aussi que le critique ait une idée très arrêtée de ce qu'est cette beauté, et que cette idée ne coïncide pas avec la vôtre. Ce n'est pas grave. Ce ne sont jamais les critiques qui doivent poser un problème à l'interprète, mais le caractère secret de l'œuvre, cette relation étrange entre elle et lui. C'est elle qui commande mais lui qui la révèle et la sert. C'est une responsabilité terrible, quand on y pense. Et trop peu y pensent.

Vous travaillez dans la plus raffinée des matières, l'art le plus élaboré puisqu'il exige la présence d'un instrument, et vous consacrez une partie de votre vie à préserver la nature dans son expression la plus sauvage. N'y a-t-il pas une contradiction entre les deux, voire un paradoxe ?

Il n'y a pas de contradiction entre la nature et la musique. On peut le penser si l'on estime que la musique est un art sophistiqué, élitiste, à cause du travail énorme, humble et répétitif qu'il impose – il n'y a pas d'improvisation possible devant une partition ! –, à cause aussi du nécessaire instrument qui permet de la jouer. En vérité, il n'y a pas d'art plus « premier ». La musique est une voix directe, sensuelle et primordiale. Elle fait appel aux instincts et à notre voix intérieure. Elle nous donne accès à cette essence particulière de notre âme : cette part de nous que nous pouvons offrir. Mais dire que la musique est un luxe, comme je peux l'entendre parfois, est une terrible erreur ! C'est grâce à un art tel que la musique, que chaque individu peut accéder à son statut d'homme, dans sa plénitude. C'est grâce à elle qu'on se sent vivre à un niveau qui n'a rien d'intellectuel, parce qu'elle nous rappelle qui nous sommes. Cette conscience, nous l'expérimentons aussi au cœur de la nature sauvage, comme je l'expérimente avec les loups. Les deux procurent, d'une manière différente, le sentiment de fusion de l'être et du monde, et des liens qui nous attachent à la création, parce que tout est lié, chaque discipline répond à une intuition globale. Les deux nous disent, ou nous redisent, notre appartenance commune à cette création sans cesse en mouvement, en transformation, en métamorphose. La nature est selon moi indispensable à la musique, puisqu'elle est la muse ultime. Beaucoup de compositeurs ont écrit leurs chefs-d'œuvre au terme de promenades dans la campagne. Schubert, Brahms, Mahler ou Debussy pour ne citer qu'eux. La nature leur a murmuré des émotions qu'ils ont su styliser. J'ai d'ailleurs rappelé ces connexions dans mes derniers concerts, notamment entre l'eau et la musique, au travers de certaines compositions de Janáček, d'Albéniz, de Debussy ou de Liszt. Liszt, dont le poème symphonique l'*Orphée* humanise l'inhumain par la grâce harmonieuse et mélodieuse de son chant. Il prouve ainsi combien la musique convertit à l'humain dans son absolu. Quant à la nature, elle est pour moi la présence même du divin, le règne de l'esprit, auquel la musique apporte la bénédiction de l'art.

Liez-vous écologie et spiritualité ? Cette idée était déjà celle d'une grande compositrice allemande du Moyen Âge, Hildegarde de Bingen (1098-1179), qui disait que l'être humain était « le vêtement de Dieu »...

Tout à fait ! C'est pour cette raison que j'estime que l'écologie ne peut pas être considérée comme une simple discipline scientifique ou un objet d'expérimentations – encore moins comme la propriété d'un parti politique ! Elle est de l'ordre du spirituel parce qu'elle touche le domaine du sacré, l'essence même de notre rapport avec le vivant. Encore une fois, tout est lié, et tout nous relie. J'insiste vraiment sur ce point : l'écologie est profondément spirituelle. La nature tout entière est une théophanie. Il est de notre devoir non seulement de la préserver, mais de l'honorer, voire de la vénérer.

À quelle éducation la musique peut-elle aider ?

Si je devais improviser une réponse, je dirais que comme toute éducation, la musique nous apprend à garder en tête l'essentiel, soit le seul important : notre accès à la vérité et à l'universel, en gagnant notre statut d'être humain. Nous avons tellement à perdre si nous perdons cela de vue. Et nous avons déjà tellement perdu. La nature a ce même pouvoir d'ouverture et d'élévation de l'esprit. Les deux nous inculquent une leçon d'humilité, et d'honnêteté. Les deux nous confrontent à un sentiment extrêmement formateur : la peur, qui naît généralement de l'inconnu. L'inconnu d'une œuvre, d'un instrument. L'inconnu d'une montagne, d'une forêt, du comportement d'un loup ou d'un animal. Pour surmonter notre peur, nous devons réfréner tout repli sur nous-mêmes et toute agressivité, et apprivoiser cet élément nouveau que nous rencontrons. La vaincre est une joie véritable. Par exemple, regardez le piano : c'est l'instrument le plus indépendant qui soit. C'est un instrument très beau, mais très intimidant, et même si le répertoire qui lui est consacré est très large et qu'on peut y choisir l'œuvre qui nous correspond au mieux – celle que nous entendons au plus près –, il n'en reste pas moins que l'interprète est seul sur scène, avec cet instrument massif, doté d'un son très organique, très percussif, et qu'il convient de faire chanter comme un orchestre. Alors il faut parvenir à cette alchimie : faire que le son qu'on entend dans sa tête s'incarne dans la réalité. Par mon jeu, je dois donner au piano davantage de couleur et de timbre dans la sonorité que l'orchestre tout entier. Le pianiste relève un défi permanent : il doit, par une action exclusivement verticale, convertir ses percussions en accords fluides. C'est un combat de tous les instants – un combat contre soi aussi bien –, dans une attention résolue, avec le sentiment du danger couru, mais accepté et inévitable.

On connaît le conte de Jorge Luis Borges qui raconte, avec un art du paradoxe consommé, comment un écrivain, Pierre Ménard, en recopiant le Don Quichotte, *le recrée. Or vous-même, comme tous les interprètes, vous n'êtes pas un miroir inerte : vous avez votre courbe, comme tous les miroirs. Et vous donnez fatalement aux partitions le reflet de votre être. Il y a là une forme et une occasion de salut qui font concevoir une merveilleuse espérance dans le pouvoir de l'interprète : on peut rêver sur Dieu dans les mêmes termes – il abandonne sa créature à elle-même, et elle finit par s'imposer à lui, comme un Pablo Casals s'est imposé à Bach ou une Clara Haskil à Mozart. Quelle est, selon vous, la spécificité de l'interprète par rapport aux autres artistes, peintres, écrivains, sculpteurs ?*

Il incarne l'œuvre qu'il joue, sans cette incarnation l'œuvre ne se manifeste pas, mais il y a autre chose encore. Il y a une part de re-création indéniable dans son jeu. C'est sans doute ce qui différencie les interprètes des excellents amateurs. Tout est dans le mot. La valeur même de tout grand interprète est de nous faire découvrir de nouvelles sensations sonores dans l'œuvre, et de les actualiser, d'élargir la formule harmonique de l'œuvre. C'est un exercice, une recherche, un travail extrêmement difficile, car il n'est jamais acquis. Comme l'arabesque que dessine le danseur dans l'air, la forme sonore donnée au monde le temps de l'interprétation s'évanouit une fois la dernière note jouée et son écho éteint. Mais cette interprétation nouvelle, revivifiée, née d'une impulsion créatrice souverainement libre, repousse les limites de l'interprétation plus loin encore, oblige à un sursaut formidable. Il s'agit d'être de plus en plus soi-même sans dénaturer l'essence profonde de l'œuvre, sans rompre le fil qui nous attache à elle. Encore faut-il que l'interprétation soit légitime – j'entends par là qu'elle donne à entendre ce souffle nouveau, qu'elle actualise l'œuvre à l'instant où elle est jouée. En cela encore, l'interprète doit avoir des dons de médium : rien, en musique, n'est créé *ex nihilo*. Il y a des formes, des rythmes, des sensation sonores immanents à chaque époque que l'interprète, par une sorte d'intuition, est prédestiné à formaliser. Ainsi Glenn Gould avec Bach, pour ne citer que lui.

Dans un sens, l'interprète accompli est celui qui illustre à la perfection l'étymologie du mot. L'interprétation est un mot qui vient du grec : *herméneutique*, soit la science du dieu Hermès. Hermès est le frère d'Apollon, le fils de la louve, le dieu des arts. Il est le dieu du commerce, de la communication, mais aussi des voleurs : c'est lui le trait d'union entre les êtres. Dès qu'un lien se noue, quel qu'il soit – dès qu'une chose se lie à une autre –, il faut y voir la marque d'Hermès, un dieu rieur, rapide, volage. Hermès a donné deux mots : l'herméneutique, l'art d'interpréter ; et l'hermétisme, l'art de cacher un sens. Ainsi, interpréter peut s'entendre dès l'origine de deux manières on ne peut plus différentes : rendre clair ce qui est obscur, ou faire pénétrer dans l'obscurité du message, plus ou moins explicite, ou à expliciter.

Dans la théologie médiévale, on distingue quatre types d'interprétations : littérale, symbolique, allégorique et prophétique. Dans la théologie islamique, telle qu'elle est illustrée dans le chiisme, la pensée de l'interprétation du texte sacré va encore plus loin. Il s'agit de collaborer au Coran, dont le sens n'existe jamais que dans l'interprétation qui fait advenir un sens supplémentaire non prévu, quoique nécessaire. Appliqué à la musique, il apparaît que le sens d'une grande interprétation est difficilement assuré : s'agit-il de rendre ce qui est écrit, de le révéler dans une forme prophétique, c'est-à-dire inédite, ou de se servir du texte comme prétexte pour accoucher d'autre chose qui réclame tout le génie singulier de l'interprète ?

Enfin, l'interprète est investi d'une mission : élargir en permanence le champ de la musique jouée. À lui de se mettre à l'écoute de compositeurs encore trop peu connus ou d'offrir un auditoire aux compositeurs contemporains. C'est une prise de risque – tous les publics du classique n'ont pas cette curiosité, du moins n'ont-ils pas reçu l'éducation adéquate ou ont-ils rarement eu l'occasion d'écouter très attentivement ce qui se compose aujourd'hui. Dans mon dernier album, *The Messenger*, j'ai enregistré les œuvres du compositeur ukrainien Valentin Silvestrov, qui a entrepris de fouiller le répertoire des siècles passés pour y puiser l'inspiration. En 1996, il a écrit, et dédié à la mémoire de son épouse décédée, *The Messenger*, une œuvre dans laquelle il associe librement divers motifs empruntés à Mozart, quelque chose de schubertien et des accents de Wagner. « Ma musique est une réponse et un écho à ce qui existe déjà », avait-il déclaré, et cette phrase m'a immédiatement touchée pour ce qu'elle suggérait de correspondances, de ponts jetés par-dessus les siècles. Par ailleurs, son œuvre a su m'obliger à mieux approcher des compositeurs que je n'avais pas spontanément abordés dans ma jeunesse, comme Mozart. Quand j'étais plus jeune, j'étais attirée par les rochers qui provoquent le fracas des vagues, leur ascension en paquets d'écume. La « légèreté d'être » de Mozart me semblait étrangement frustrante. Et que dire des moyens épurés et des émotions tempérées d'un Silvestrov, a fortiori ! Enfin, j'ai aimé chez ce dernier quelque chose qui touche l'âme très intimement, sa force d'évocation de la nature et des éléments. Des morceaux qui flottent tels des nuages. Comme les animaux, ils sont ce qu'ils sont – inévitables, éphémères, insaisissables et constants. L'immersion dans cette musique procède du même principe que l'immersion dans la nature – un ailleurs, hors du temps, et des accords essentiels. Silvestrov reflète des rayons de lumière chatoyante venus d'en haut à travers un voile de tendre contemplation. Je conçois le rôle de l'interprète comme celui d'un médiateur, un canal entre le compositeur et le public, un pont entre des mondes : le monde actuel, le précédent et le prochain. Le titre est donc approprié.

Faire entendre la continuité et la rupture, l'invention et la réinvention, c'est, il me semble, la mission de l'interprète : être l'avocat de la cause musicale dans toutes ses métamorphoses.

Vous avez été élève de Geneviève Joy-Dutilleux. Je me souviens avoir été placé à côté de son mari, Henri Dutilleux, à l'un de vos concerts au Théâtre des Champs-Élysées. De manière générale, quels compositeurs contemporains avez-vous enregistrés ?

Arvo Pärt, et son *Credo.* J'avais été très touchée qu'il se déplace à la Tate Modern de Londres pour écouter la première de son *Lamentate*, une œuvre qu'il a composée en hommage au plasticien Anish Kapoor et à sa sculpture *Marsyas*, et que j'ai créée ce soir-là, le 7 février 2003, avec le London Sinfonietta. J'ai par ailleurs enregistré *Fantasia on an Ostinato* de Corigliano, qui se trouve sur le disque où figure justement ce *Credo* qu'Esa-Pekka Salonen, lui aussi compositeur, avait dirigé. Esa-Pekka et moi avions dîné ensemble quelques mois auparavant pour discuter des grandes lignes du disque, que nous devions enregistrer. Esa-Pekka a un air étonnant d'éternel adolescent, même si c'est un homme d'une énergie débordante, mieux que puissant, d'une véritable force intérieure. J'avais apprécié qu'il possède, même au détour d'une simple phrase, ce don qu'on finit par préférer à tout, de saisir la fibre secrète, de ramener au jour la racine des sentiments et des désirs humains.

Enfin, j'ai été dirigée par d'autres compositeurs, comme Pierre Boulez, et j'en garde un souvenir émerveillé. C'était la même année que le concert d'Arvo Pärt, en 2003. Il était étonnant de penser que, Français tous les deux, nous jouions le *Troisième concerto* de Bartok en Californie. Ce n'était pas tant la cérébralité qui m'a étonnée chez Boulez, que son extrême douceur, signe que j'avais devant moi un homme très accompli.

Pierre Boulez dirigeait avec un air que j'ai trouvé, à tort ou à raison, *inspiré* ; sous sa direction, un à un, tous les plans de l'édifice musical se dressent et s'arc-boutent les uns sur les autres ; on voit la cathédrale se faire en mouvement. La même année encore, à Amsterdam, au mois de juin, j'ai joué sous la direction du compositeur Péter Eötvös. Ce compositeur a un rapport tellement direct, en tant que chef avec ce qu'il interprète, qu'il donne l'impression de recréer la partition depuis sa source. Enfin, il y a eu aussi John Adams. Un être électrique, d'une jeunesse d'esprit remarquable – encore un compositeur qui dirige comme aucun chef ne le fait, ce qui n'a rien à voir avec la qualité de l'exécution des uns ou des autres : on sent John Adams solidaire de chaque morceau, comme s'il répondait en personne, devant les compositeurs passés, du fait que le relais a bel et bien été transmis. Il avait donné en deuxième partie du concert la création de son œuvre écrite en mémoire des victimes de l'attentat du 11 septembre 2001 de New York, *De la transmigration des âmes*. Ce soir-là, j'étais précisément au Royal Albert Hall. La coïncidence m'avait saisie ; la boucle était bouclée :

du cri, nous étions passés au silence ; l'entre-deux, la musique seule pouvait tenter de le fixer.

Certains pianistes ont-ils suscité votre admiration ?

J'aimerais penser que d'Alfred Cortot à Anna Vinnitskaya, de Sviatoslav Richter à Yuja Wang en passant par Daniil Trifonov ou Beatrice Rana, il n'y a en vérité qu'un même pianiste, toujours différent, qui s'amuse à jouer des nuances de son talent unique et ramifié à l'infini. À cet égard, j'écoute toujours avec passion mes confrères et mes consœurs. Quels qu'ils soient, et quels que soient leur âge ou leur rang. J'aime par exemple Martha Argerich, dont la présence sensible a tant compté dans ma vie aux moments où le doute m'assaillait. Au piano, j'admire qu'elle soit cette sainte dans l'ordre de la volupté spirituelle. Elle vit dans une ascension qui ne finit jamais, mais elle n'est pas sur l'échelle morale : elle monte sans arrêt vers la plénitude d'elle-même. Je pourrais toutefois citer tant de collègues, passés ou présents – Samson François, Arthur Rubinstein, Alfred Brendel, Maria João Pires… –, que je crois sage d'écrire sur ce sujet un autre livre, un peu plus tard. J'ajouterais encore un nom, Claudio Arrau : le modèle rêvé du chant le plus libre dans la forme la plus austère. Un tel musicien ne peut que fortifier une vocation. Il ne ferme aucune porte : il les ouvre toutes. Son exemple ne désigne pas une fin, mais un seuil. Pour moi, si je l'aime tant, ce n'est pas parce qu'il serait supérieur aux autres pianistes, cela n'a pas de sens, mais parce qu'il fut à l'écoute d'une voix venue de loin, de plus loin encore, cette voix croisée de tendresse et de violence nouvelle : *la voix de la musique même*. Une voix qu'il a su rendre sensible à chacun. Dans sa quête intense et poétique des gravitations de la profondeur, il évoque je ne sais quelle mélancolie plus ardente que la sérénité.

En musique, aimez-vous autre chose que le « classique » ?

La chanson française, Brassens, Barbara, Ferrat. Et beaucoup d'autres choses, du jazz à Radiohead, voire Eminem, un très bon rappeur dans son genre. Ce genre d'écoute enrichit ma perception de la musique classique, comme je suis sûre que la musique classique enrichirait ceux qui ne l'écoutent pas parce qu'ils croient qu'elle leur est défendue. La musique classique, c'est Bach qu'on retrouve dans les basses techno, Prokofiev chez Sting ou Chopin chez Gainsbourg. Je m'oppose à toutes les frontières, surtout s'il s'agit de se priver d'un plaisir qu'on ignore. J'aimerais qu'on écoute le classique sans a priori : Rachmaninov, encore lui, nous propose un vol plané au-dessus du monde ; les Beatles s'en sont souvenus à la note près dans leurs chansons psychédéliques de *Sgt. Pepper*. Il faut inviter tout le monde, sans distinction d'âge, à tout écouter. Rien n'est pire que l'enfermement. J'entends souvent que la jeune génération n'a plus l'oreille pour écouter de la musique classique, et que celle-ci les ennuie. Quand j'avais quinze ans justement, je ne supportais pas qu'on me dise que je n'avais pas le droit de jouer Rachmaninov au prétexte que j'étais trop jeune, ou qu'on me déconseille le répertoire de Brahms parce que je n'étais pas suffisamment athlétique. Aujourd'hui, je ne dirais pas que mes aînés n'ont pas le droit d'être entendus parce qu'ils seraient trop vieux. Cela reviendrait au même !

Ce qui importe, ce n'est pas l'âge, ni même la jeunesse d'esprit, mais l'esprit d'enfance. Il y a de merveilleux enfants de quatre-vingts ans et des vieillards prépubères. Et je reste persuadée que la musique classique n'est pas une antiquité qu'on dépoussière de temps à autre dans les salles de concert et qu'elle n'intéresse plus que le troisième âge. Elle m'a sauvée, aurais-je la prétention de croire que je suis la seule à l'entendre ? Peut-elle encore toucher les jeunes ? Ma réponse est : bien sûr, elle n'a pas d'âge, elle est intemporelle. Aux jeunes, je dirais : faites le premier pas.

Vous êtes également amie avec Françoise Hardy

Ce que j'aime chez Françoise Hardy, c'est d'abord une voix. Une voix effilée : ni fluette ni fragile. Une voix qui captive l'attention et souligne la singularité de sa personne. On devine chez elle une souffrance issue d'un passé surmonté – un passé qui, au lieu de créer et d'épaissir la gêne dans la conversation, provoque l'affection. Belle, entière, insolite, je l'ai admirée dès notre première rencontre. Elle a l'élégance de ne porter aucun masque, de rejeter les faux-semblants, de refuser le *pseudo* et le *simili*. Ce qui me frappe, par ailleurs, c'est que Françoise Hardy est un être d'accueil – elle soutient la jeunesse –, mais aussi d'attente – elle veut de celle-ci qu'elle ne démérite pas de ses aspirations à l'amour et à l'amitié. Rien de mieux pour débuter une collaboration. La nôtre est née au cours d'un dîner un soir de Fête de la musique. Des orchestres jouaient dans les rues. Nous nous sommes demandé en riant : Pourquoi pas nous ? Nous avons donc enregistré *La Valse des regrets*, qui a la particularité d'être à la croisée de nos univers respectifs :

une valse de Brahms devenue une chanson à part entière dans la tradition de ce que Gainsbourg avait déjà fait avec Brahms, ce Brahms qui aimait tant les « rythmes naïfs » chers à Rimbaud.

Je sais aussi que vous tenez haut l'amitié avec certains confrères, je pense par exemple au regretté pianiste Nicholas Angelich, qui ne manquait pas de venir à vos concerts, et avec qui vous aimiez parler de Brahms.

Nicholas Angelich est un artiste merveilleux qui manque cruellement à notre monde ou, dit autrement, dont notre monde cruel ne mesure pas la perte. J'ai envie de dire de lui, comme d'autres amis prématurément disparus, ce que disait Jean Cocteau : « Les poètes ne meurent pas. Ils cèdent la place à leur véritable personne. Tu es donc aussi peu mort que possible. » J'ai connu Nicholas Angelich au Conservatoire de Paris. Nous nous retrouvions, à l'issue de concerts ou avec Jacques Thelen, quand j'étais de passage en France : toujours plus grand que nature, avec une sensibilité à fleur de peau. Chez un tel homme qui se distinguait non par sa prétention, mais par son humilité, l'alliance du titanesque et de la finesse ne manquait pas d'étonner : on sentait chez lui une double nature, un déséquilibre compensé, qui donnait du charme à tout son être. Je pense souvent à lui, comme à Lars Vogt, disparu au même âge, quelques mois plus tard.

L'âme insurgée

Vous nous avez parlé de votre prédilection pour Brahms, mais aujourd'hui quels autres compositeurs vous attirent-ils ? Et pourquoi ?

Je reviens vers Schubert, qui est un compositeur que j'ai travaillé dans mon enfance et dans mon adolescence, sous la direction de mon maître Pierre Barbizet, qui me disait toujours : « Souviens-toi, un musicien n'est grand que par la grandeur qu'il révèle chez son prochain. » Je n'ai pas cherché Schubert, c'est lui qui se manifeste à moi, notamment dans ses dernières sonates. Il me serait impossible de vous dire pourquoi il revient vers moi, mais je sais ce qu'il me permet d'exprimer dans mon jeu. Le thème de la mémoire et, partant, celui du souvenir, qui est le voyage de la mémoire. J'ai remarqué que lorsqu'on se souvient d'un événement, ainsi un fait de notre enfance, on ne se le rappelle pas comme au moment où on l'a vécu et mémorisé, mais comme la dernière fois où l'on s'en est souvenu. Ce phénomène de juxtaposition me fascine et je le ressens intimement dans l'œuvre de Schubert. Jouer et écouter Schubert fait de nous des voyageurs, au sens qu'il a donné à ce mot dans son *Voyage d'hiver* : un pèlerin qui traverse le ciel et l'enfer mais ne s'y arrête pas. Est-ce aussi parce que Schubert me ramène à la nature, à la création dévastée ? Son œuvre donne à la musique un arrière-fond d'éternité dans un monde qu'on voudrait promis à la destruction. J'y trouve ce mouvement magique de la musique, qui est aussi un regard vers l'avenir, mais jeté dans la belle lumière de la nostalgie, de la mélancolie et de la tristesse. C'est ce que je veux faire entendre à mon tour : cette giration, le train de l'extase, soit l'élan salvateur de la contemplation par la musique.

Pour illustrer ce propos, laissez-moi vous citer ce qu'écrit Lie Tseu dans *Le Vrai Classique du vide parfait,* où il expose à la perfection le projet fondamental de tout art en général, et de la musique en particulier : « Ce à quoi je tends, disait Maître Siang, ce n'est pas à bien pincer les cordes, ni à obtenir de beaux sons. Ce que je cherche, je ne l'ai pas encore trouvé dans mon cœur. Comment l'instrument pourrait-il me répondre à l'extérieur ? Mais après quelques années encore, un jour, alors qu'on était au printemps, il joua sur le mode Chang la deuxième des cinq notes qui correspond à l'automne : un vent frais se leva soudain. Les plantes et les fruits sur les arbres mûrirent : l'automne était là. Il pinça alors sa guitare selon le mode Kiao. Un vent chaud souffla, et tout fut en fleur : on était en été. Il pinça la corde Yu, et apparurent gelée et neige, les cours d'eau se figèrent en glace : c'était donc l'hiver. Il pinça alors la corde Che : le soleil brûlant apparut et la glace fondit. » Ainsi la musique est-elle l'illustration parfaite de l'art considéré comme une magie ; elle ne provoque rien de moins que l'impossible : blanche magie contre magie noire. Néanmoins, la musique ne semble se souvenir d'aucun des moments de la vie ordinaire, ce qui n'empêche que les vérités qui nous sont rendues sensibles au cœur par sa présence en acte nous aident à vivre au plus intime. Elles sont notre être soudain ouvert, de par l'intérieur de nos actions ; elles aident à transfigurer nos savoirs les plus quotidiens en grâce, en rêve, en révolte. Elles ouvrent à la conscience le temps qu'elles commandent.

Longtemps, je me suis demandé quelle en était la raison, sans être trop sûre de mes réponses, jusqu'au jour où j'ai compris que seule la question importait : faire de la musique, qu'est-ce en effet, sinon prendre le risque de ne se souvenir de rien de présent, afin que le présent jaillisse précisément d'un ravissement qui révèle l'éternité ? Lorsque je joue une pièce de musique – une pièce de Brahms, par exemple –, j'essaye de me rendre contemporaine de lui, autant que lui de moi, de sorte que la nature de ses notes, loin de me précéder, me devance : elles m'entraînent vers un ailleurs qui désigne le séjour de l'absolu, cet ailleurs sans lieu ni place, situé aussi bien là-bas qu'ici même, voire au-delà ; cet ailleurs qui me rend le monde présent à moi-même, dans son être solaire et son devenir fulgurant. Interpréter Schubert dans ce sens précis, oserais-je dire que c'est autant se remémorer qu'anticiper – une manière de se souvenir de l'avenir, de faire que le temps, dans l'advenue de sa présence plénière, ranime soudain tous les paradis perdus, tous les paradis à venir. Dans un même élan, si je pense à la nature des liens qui unissent le présent, la mémoire et le devenir, il me faut garder à l'esprit le caractère impérieux de l'oubli qui régit, en toute discrétion, cette trinité.

Seriez-vous encline à la nostalgie ?

Pas dans ma vie personnelle. Je vis dans l'instant. C'est un don d'enfance que je conserve et que j'entretiens. Je ne me suis jamais surprise à ruminer sur ce qui a eu lieu ou à m'attrister sur ce qui n'est plus. Je tente de persévérer dans ce qui m'apporte de la joie, dans la voie qui concrétise le projet sur lequel je suis penchée et que je cherche à vivre intensément. J'ai noté, en exergue d'un de mes carnets, la réponse que la pianiste Magda von Hattingberg a faite à Rilke, après qu'elle a lu ses *Lettres à une pianiste* : « Les gens revendiquent quelque chose, au lieu d'être là, comme le soleil ou un arbre en fleur ; comme un paysage qui laisse les gens grandir, sans leur demander : "Qu'avez-vous à me donner en échange ?" Peut-être n'avez-vous jamais rencontré quelqu'un qui a su trouver de la richesse dans la seule béatitude d'être là, y découvrant ce qui manquait à son accomplissement, parce qu'il était lui-même la promesse et l'accomplissement de sa propre existence. »

Cette attitude requiert une capacité d'attention que la musique et son étude décuplent, et la perception de la vie en est changée. J'ai fait mienne cette phrase : « Le paradis est où je suis. » Et je travaille à ce qu'il y soit vraiment. Je ne me projette pas dans un avenir lointain, encore irréel. Je préfère consacrer mes pensées au présent, à l'ici et maintenant, pour n'en rien perdre, pas une miette, même lorsque le paysage sentimental ou géographique que je traverse est moins riant, moins propice au plaisir.

Au tout début de ma carrière, on me demandait : Où aimeriez-vous être dans dix ans ? Avez-vous des souhaits de partenariat avec des chefs d'orchestre ? En fait, je ne songeais qu'à creuser en moi-même, en tant qu'être humain et en tant qu'artiste. Et peu m'importait le chemin. Je me disais : Dieu saura bien où je serai dans dix ans. Fais confiance à ton intuition, à tes désirs. Réponds à ta vocation. Laisse la musique imprimer son rythme à ta vie, inspirer ton allure.

Pour autant, comment ne pas aimer la nostalgie dans les fruits qu'elle produit ? En littérature, et certainement en musique. Le portugais a un mot pour traduire ce sentiment, *saudade*, et une musique pour le dire, le *fado*. Cesaria Evora chante avec une justesse magnifique ce mélange subtil de nostalgie, de mélancolie et d'espoir, et l'essence de cette musique me ramène à celle de Brahms, à ses lieder d'une puissance d'évocation et d'une tristesse incomparables, car le fado puise ses racines dans le même terreau. Étymologiquement, nostalgie a été créé à partir du mot *nostos*, retour, et de l'élément *algie*, qui signifie douleur. Il désignait le mal du pays. Pour les Grecs, la nostalgie était la maladie du retour. Les romantiques ont élargi la signification au domaine des regrets. Regret du bonheur passé, de l'amour perdu, des moments heureux. La nostalgie n'englobe plus le strict désir du retour à la terre natale, au paysage maternel, mais le désir éperdu de revoir, de revivre, et parfois de voir enfin – c'est la nostalgie du paradis perdu qu'on porte tous en nous. C'est à la fois un retour dans l'espace et un retour dans le temps.

La musique romantique a particulièrement joué sur cette corde si sensible, et nombreux sont les adagios qui nous plongent dans cette *saudade* à la fois triste et délicieuse, ce sentiment de la perte irrévocable mais qui, écrite, composée, avouée, recrée ce qui s'est évanoui. Bien évidemment, parce qu'elle cristallise la gamme la plus étendue qui soit des sentiments et des sensations qu'elle juxtapose, oppose, qu'elle fait consonner ou dissoner à l'infini, parce qu'elle est la source par excellence de la tendresse la plus profonde et du regret le plus déchirant, la nostalgie constitue la ligne de basse, une basse continue de la création musicale. Elle a ce pouvoir, qui a inspiré la majorité des compositeurs de musique, quel que soit le genre, de catalyser nos émotions. Je dirais même que la musique est la langue de la nostalgie. Elle remue en nous la fibre du désir dans ses facettes les plus occultes, au plus profond de notre psyché. Elle révèle l'empreinte laissée par les heures vécues – la trace de notre temps sur cette terre. Rien mieux que la musique n'exprime son charme vénéneux, l'octave immense des émois qu'elle englobe. Rien mieux que la nostalgie n'illustre cette vérité énoncée par Lévi-Strauss : « Seule la musique permet l'union du sensible à l'intelligence. La joie musicale, c'est celle de l'âme invitée pour une fois à se reconnaître dans le corps. »

Comment définiriez-vous l'expérience intime que vous avez de la musique ? Je sais que vous avez beaucoup médité le livre d'Armel Guerne, L'Âme insurgée, *à savoir l'ensemble des écrits de ce résistant sur le romantisme allemand. N'est-ce pas Armel Guerne qui a écrit que la musique qu'on dit classique s'adresse aujourd'hui à ceux pour lesquels la vie est un combat pour la plénitude, contre ce vide désespérant qui laisse chacun comme une viande douée de réflexes, dès qu'il oublie son âme, dès qu'il quitte ses rêves – un risque, un voyage, au sens où Schubert l'a vécu, mais un voyage incertain ?*

Oui, il s'agit d'un voyage intérieur. Un voyage à la reconquête du temps, assorti de l'expérience sensuelle de l'amour de la vie. Autant dire l'expérience du bonheur, voire celle de la joie. Orphée, Orphée poète et musicien, cherche à retrouver Eurydice, le temps d'or passé avec elle. Proust, à la recherche du temps perdu, propose la musique comme la source de ses plus riches souvenirs, bien plus encore que ne l'est la mémoire olfactive, la fameuse petite madeleine. Rappelez-vous la « sonate de Vinteuil », que Proust évoque dans *Un amour de*

Swann. Il s'agit d'une œuvre fictive bien sûr – et quelle intelligence de permettre ainsi à chacun de lui trouver une correspondance avec ses morceaux choisis et préférés ! Mais cette œuvre, avec sa fameuse « petite phrase musicale », par sa résonance profonde, amène chacun de ses auditeurs à entendre ses propres émotions, à prendre conscience de l'intimité de son âme. C'est cela même que je vis avec la musique. Comme le dit Proust, qui l'expérimente sur Swann, la musique « ouvre plus largement l'âme » et permet d'accéder à la réalité invisible du monde, à sa vibration – celle des sentiments.

La musique pour moi est l'expérience que je vis, que je fais, de la réalité du monde invisible. Elle en est la tonalité. Elle m'en ouvre la porte, dont elle est la clé. Dès mon enfance, je me suis réjouie de ce que le signe graphique qui indique la hauteur des notes, au début de la portée, s'appelle une clé. Clé de *sol*, clé de *fa*… Chaque âme possède son enveloppe sonore, à quoi correspondent une musique particulière et le son singulier d'un instrument qui la révèlent. J'ai été émue aux larmes lorsque ma mère m'a lu pour la première fois le poème de Baudelaire. J'avais douze ou treize ans. Je travaillais un morceau de Rachmaninov. J'étais submergée sous une tempête d'émotions – comme souvent – que je ne parvenais pas à endiguer. Dans cette impuissance, je m'étais mordu la lèvre. Elle n'avait rien dit mais elle avait ouvert *Les Fleurs du mal* et elle m'avait lu ces vers de « La Musique » :

Je sens vibrer en moi toutes les passions
D'un vaisseau qui souffre ;
Le bon vent, la tempête et ses convulsions
Sur l'immense gouffre
Me bercent. D'autres fois, calme plat, grand miroir
De mon désespoir !

Enfin, quoi qu'elle suggère de colère, de souffrance, de révolte, la musique pacifie ces émotions paradoxales parce qu'elle agit comme une catharsis, une libération des affects. J'aime, dans la musique, qu'elle me tienne du côté de la vie. Dans l'instant éternel d'une pulsion vitale – même si elle parle de la mort. Je finirai en citant Vladimir Jankélévitch, car il n'y a pas un mot de cette citation que je ne fasse mien : « La musique transporte et retient le musicien dans une sorte de présent éternel où la mort ne compte plus ; mieux, elle est une façon de vivre l'invivable de l'éternité. Ma musique, même quand elle semble funèbre, comme celle de Chopin, ne me parle pas vraiment de la mort ; la musique ne parle que de la musique. » Enfin, la musique choisit tous les sentiments. Elle n'en privilégie aucun. Elle me laisse dans une délicieuse, une fructueuse ambivalence, cette ambivalence qui est dans ma nature.

Cherchez-vous à retrouver un âge d'or grâce à la musique, si elle est cette clé que vous décrivez si bien ?

J'ai lu une étude sur les relations entre la mère et le nouveau-né, confirmée par les progrès des neurosciences. Il y était question des premières relations de l'enfant avec le monde, dès le ventre de la mère. L'étude soulignait l'importance, l'effet primordial de la voix maternelle dès la période prénatale. Elle serait la première musique entendue par l'enfant, sa première relation avec le monde extérieur, relation de douceur et de confiance, d'abandon. La voix de la mère se grave dans la mémoire de l'enfant bien avant son visage. Il est dit qu'à sa naissance, le bébé reconnaît la voix de sa mère parmi toutes les autres. On a étudié aussi l'effet du changement tonal de cette voix sur lui. On a demandé à une mère de parler à son enfant en modifiant sa façon habituelle, en s'adressant à lui d'une façon monocorde. Le bébé s'est alors détourné de sa mère. On a compris que ce qu'il aimait, ce qu'il recherchait dans la voix maternelle, c'était sa musique singulière, unique, faite de modulations et d'intonations musicales. J'ai été très émue par la découverte de cette étude. J'ai tellement aimé, j'aime tellement la voix de ma mère, et l'écouter parler. Cette voix chantante, modulée, douce. Alors, pour répondre à votre question, il n'est pas impossible que ce soit elle que je retrouve en musique, elle dont j'ai cherché la clé. La musique est peut-être la transposition de ce sentiment de fusion idéale, ce temps d'innocence et d'émerveillement de l'enfance. Je me souviens avoir été très émue par les mots si justes de Proust encore, lorsqu'il évoque la voix de sa mère à laquelle il était si attaché, et si sensible : « Je me demandais si la musique n'était pas l'exemple unique de ce qu'aurait pu être – s'il n'y avait pas eu l'invention du langage, la formation des mots, l'analyse des idées – la communication des âmes. »

La musique est mystérieuse : à la fois légère et profonde, accordée aux pleurs et aux plaisirs – un reflet de l'existence et le miroir de l'absolu. Contrairement à ce que prétendait Tolstoï, Jankélévitch affirmait que la musique n'est pas tant indicible qu'ineffable. Pour vous, la musique est-elle une action, où l'intelligence doit prévaloir ?

La musique, je l'ai dit, n'a rien d'intellectuel et je m'insurge souvent qu'on la range dans le cadre des activités réservées aux élites. Elle n'a rien d'intellectuel parce qu'elle parle en premier lieu à l'âme et au corps et, partant, elle échappe aux concepts trop pauvres, trop étroits pour la définir. Souvenez-vous de ce qu'a écrit Nietzsche à son collègue Franz Overbeck, Nietzsche qui rêvait d'être musicien et pour qui la musique était le summum du langage : « Observant sa frustration, les animaux avec qui il converse invitent Zarathoustra à abandonner la parole. Il doit apprendre à chanter, comme le fit Socrate à l'heure de sa mort. Dans l'idéal, le penseur doit danser ce qu'il veut dire. » Lorsqu'on « fait » de la musique son métier, lorsqu'elle est plus que cela encore, une vocation ; lorsque vous avez entre vos mains une partition dont vous avez à révéler au public l'essence, la présence aussi à cet instant du monde, vous ne pouvez pas vous contenter d'étudier la technique musicale – solfège et pratique. Vous devez tenter d'écouter tout ce qui a constitué l'univers du compositeur, de l'apprendre pour établir le rapport entre la société dans laquelle il a évolué, les formes musicales alors en cours et sa propre perception du monde, telle qu'il la fixe dans ses œuvres, mais encore comprendre ce que sa musique porte en elle d'absolument singulier et qui nous dépasse, qui nous submerge. Il faut envisager une étude sérieuse de l'œuvre. Lire les ouvrages qui lui ont été consacrés, que leurs auteurs soient musicologues, poètes, philosophes, artistes, peintres… – tous ceux qui ont tenté de percer son mystère, comme l'alchimiste a cherché la pierre philosophale. Car il s'agit, pour l'interprète, de transformer ces signes étranges dessinés en noir sur des portées en un récit, de donner à l'entendre, mais encore de rendre son auteur présent le temps de l'exécution de l'œuvre. En lisant les uns après les autres ces commentaires, des clés vous sont offertes. Toutes ces intelligences qui sont le plus souvent des artistes eux-mêmes ont compris et entendu des secrets en étudiant l'œuvre, et ils ont eu la grâce de nous les révéler ; il faudrait être d'une prétention affligeante pour ne pas leur tendre l'oreille. Et si ce n'est à tous, du moins à certains. Un grand musicologue est comme un grand musicien : il ne peut que fortifier une vocation, surtout chez un jeune interprète. Il ne ferme aucune porte sur l'avenir : il les ouvre toutes. J'entends par là qu'il n'édicte jamais aucun précepte, parce qu'il veille à ne pas briser ce qui est à la source de la musique : la liberté créatrice. Son exemple ne désigne pas une fin, mais un seuil, où l'aventure peut reprendre. Car tout ce qui est dit n'est jamais qu'un constat – le constat de ce qui est, jamais de ce qui doit être, cela, c'est le travail de l'interprète qui est le seul à pouvoir faire l'expérience de l'acte vivant de création. C'est pour cela qu'une fois qu'on a parcouru le cercle le plus large possible des commentaires, de l'exégèse, il est nécessaire de s'en détacher pour laisser libres à la fois sa propre intuition et l'imagination de l'auditeur. J'ai toujours pensé qu'une œuvre portait en elle-même ses propres clés. On revient à ce dont nous avons parlé précédemment : la musique est un langage autrement plus riche que n'importe quelle langue. On peut lire, étudier, il restera toujours cette dimension qui échappe à la description verbale. Comme l'a dit Franck Zappa : « Parler de musique, c'est comme danser sur l'architecture. » L'interprète est là pour révéler cette dimension, créer un temps hors le temps – le temps de la vie intérieure, du pur sentiment.

Un exemple d'un texte qui vous aurait permis de franchir des obstacles dans votre connaissance musicale ?

Il y en a cent ! Mais j'ai un exemple précis. J'ai affiné mon travail technique, ma technique d'exécution grâce à… Søren

Kierkegaard ! Les répétitions sont des heures difficiles, arides. Vous êtes confronté à la fois à la partition, à ses difficultés, mais aussi à vous-même, aux tics que vous auriez pu contracter en voulant franchir un obstacle plus facilement, et qu'il faut corriger avec précision. J'ai découvert un jour que le terme de « répétition » était un mot-clé de la pensée de Kierkegaard, qui s'attache à son étymologie, qui est la même pour le mot danois que pour le mot allemand. *Wiederholung*, ce mot est parfaitement explicite. Il est construit avec le verbe *holen*, qui signifie re-chercher, aller de nouveau chercher. Ce qui implique que ce qui doit être répété ne fait pas partie des choses qu'on puisse acquérir une fois pour toutes. Répéter n'est pas chercher à apprendre par cœur. Répéter, dans ce sens, a une orientation extraordinairement suggestive : il ne s'agit pas de réitérer quelque chose de passé, mais bien au contraire d'anticiper quelque chose à venir, d'être toujours dans cette quête. Cela peut paraître anecdotique, peut-être même un peu abscons, mais lorsque j'ai compris l'idée énoncée par Kierkegaard, j'ai été placée face à une perspective tout à fait nouvelle, non seulement sur le sens de mes répétitions, mais sur la nature de l'interprétation – une tension permanente pour incarner la musique. C'est ce qui fait que je ne me lasse jamais de jouer le même concerto quinze, vingt fois de suite, pendant mes tournées. L'œuvre n'a de sens que si l'interprète parvient à donner l'impression qu'elle vient d'être créée dans l'instant. S'inscrire dans une routine tue cette fraîcheur et c'est bien le pire qui puisse arriver à un musicien sur scène : une perte d'acuité sensorielle. Il faut rester en alerte, prêt à marcher le long du précipice, quitte à écorner certains aspects techniques. Mais un concert, c'est la vie ! Et sur scène comme dans la vie, il faut savoir jusqu'où aller chercher, rechercher trop loin. Il faut laisser sa part à l'imprévisible. J'ai fait un autre grand pas dans mon apprentissage de la musique, lorsque j'ai lu cette phrase de Heidegger trouvée dans son livre *Acheminement vers la parole* : « Rythme, en grec, ne veut pas dire fleuve ou flux, mais bien jointure. Le rythme est l'élément reposant qui ajointe et dispose la mise en chemin de la danse et du chant et ainsi les laisse reposer en soi. Le rythme accorde le repos. » Une phrase que l'on peut mettre en rapport avec ce qu'a écrit Mallarmé : « Je fais de la Musique, et appelle ainsi non celle qu'on peut tirer du rapprochement euphonique des mots, mais de l'au-delà magiquement produit par certaines dispositions de la parole. Employer Musique, dans le sens grec, au fond signifiant rythme entre des rapports. » J'ai alors pris quelques heures de réflexion, devant mon clavier, face à mes partitions que j'ai étudiées avec chacun des éléments de la phrase de Heidegger. Ce fut lumineux.

Mais revenons à Schubert auquel nous avons si fortement pensé le jour où nous sommes allés de Hanovre à Brême, sur une route déserte, prise sous la neige, et où il était impossible de distinguer le ciel de la route, comme si nous étions pris à notre tour par le vertige du Voyage d'hiver …

J'ai fait sa connaissance grâce à mon maître, Pierre Barbizet, qui m'a formée et préparée pour le concours d'entrée au Conservatoire national de musique. Il a d'ailleurs réalisé un des plus beaux enregistrements qui soit de quelques-unes de ses œuvres. J'avais onze ans lorsque j'ai rencontré Pierre Barbizet. Mon professeur, Jacqueline Courtin, qui m'avait élevée de l'état de petite fille à celui, merveilleux, de musicienne avait pris contact avec ce pianiste dont le nom inspirait le plus grand respect, la plus haute admiration, aux élèves et aux professeurs du conservatoire d'Aix-en-Provence où j'étais inscrite. Il y avait une merveilleuse empathie entre lui et la musique. Par la suite, si j'ai aimé écouter la musique de Schubert – interprétée par Barbizet ou, d'une façon tout aussi merveilleusement organique, par Horowitz –, je n'envisageais pas encore d'aborder son répertoire. Il y a un âge pour chaque musicien, un âge où la curiosité pour un compositeur s'aiguise, où l'on commence à mieux entendre ce qu'il dit, à trouver dans son œuvre des résonances personnelles, des échos qu'on voudra traduire à son tour.

Schubert m'intéresse, dans une perspective d'interprétation, pour la façon dont il a fait entrer la notion toute métaphysique du Temps dans sa musique et, partant, le thème de la mémoire. Nous l'avons évoqué tout à l'heure. J'ai commencé à y songer en 2003, lorsque j'ai travaillé à la conception de mon disque *Credo*, où j'ai voulu faire entrer en résonance une pièce d'Arvo Pärt, décalquée de Bach, et le premier prélude du *Clavier bien tempéré*. Avec ce disque, je voulais composer un ensemble qui abolisse les distances avec les notions de passé, de présent ou de futur. Quel que soit le morceau, vous vous retrouvez au même moment, dans un jeu de miroirs, à l'intérieur du temps lui-même, dans son flot continu et réversible. Il s'agit aussi d'un parcours en forme de labyrinthe dont seul chaque auditeur a la solution, à travers les thèmes de l'humanité : la douleur, la souffrance, mais aussi la joie et la rédemption. Autant de thèmes schubertiens.

Enfin, les œuvres de Schubert illustrent à merveille l'essence même de la musique, tel que l'affirmera Jankélévitch : « En musique et en poésie ce qui est dit reste à dire, à dire et inlassablement et inépuisablement à redire. » Cette création qui se nourrit d'elle-même tout en se métamorphosant sans cesse, qui est aussi le principe de la mémoire et du souvenir, me semble définir celle de Schubert. Schubert composait et, interprétant ses propres compositions, il réinventait la musique à chaque étape de son cheminement créatif – c'est une leçon pour l'interprète que je suis. Un point encore, parmi tant d'autres, m'attire dans sa musique : il a écrit pour le piano comme il a écrit pour la voix. Il a considéré le piano comme l'alter ego de la voix et c'est un point incroyablement inspirant que d'avoir à faire chanter le piano. À donner au son une tessiture humaine. Enfin, il y a chez lui une dualité qui me touche. J'ai toujours été fascinée par le thème du double que Schubert a développé dans son œuvre et dont il s'est emparé dans celle de l'écrivain Heinrich Heine. Je me sens si souvent double moi-même ! Je l'ai été si fortement dans mon enfance ! Cette dualité, on l'entend dans sa musique – une imbrication continue d'ombre et de lumière, de bonheur et de mélancolie, de bucolique et de fantastique, de nostalgie et de prémonition. Toutes les variations de l'âme en quelque sorte, dans une octave riche et bouleversante. On y trouve aussi toute la dualité du Temps – la mémoire et l'oubli, la vie et la mort, cette mort qui avait, très tôt, inscrit la date de son rendez-vous avec lui, ce que Schubert savait. Il l'évoque dans ses lettres de façon bouleversante. On y entend à la fois la douleur et la consolation de la douleur. Et puis il y a chez lui ce sens aigu de l'amitié qui déborde jusqu'à s'exprimer dans son amitié pour la nature, les paysages et les éléments qui les composent. On entend cette affection et cette tendresse éperdue dans ses œuvres, notamment dans ses lieder. Il y a une jovialité qui aboutit chez lui à un alliage des plus rares, une musique à la fois extrêmement savante et « populaire ». Enfin, Schubert est – historiquement déjà – un prélude à Brahms.

Approches du romantisme

Parlons de Brahms, qui a été et qui reste, je crois, l'un de vos compositeurs préférés, si ce n'est le préféré. Pourquoi éprouvez-vous ce penchant pour lui, au point d'en avoir fait un personnage de votre dernier livre, Retour à Salem *? Vous avez écrit être frappée qu'« on traite le plus souvent de Brahms, non seulement au travers de clichés, dont le propre est de rassurer ceux qui ne peuvent entreprendre le voyage avec leur cœur pour boussole, mais à l'aune des pires préjugés, répandus par ses nombreux ennemis, souvent admiratifs en secret, mais jaloux en parole devant les ressources d'un souffle qui leur a été refusé en bloc. Ainsi, rien ne m'a jamais semblé plus déplacé que de répéter, comme si l'effet de la répétition devait créer une vérité, que Brahms était le premier de la deuxième classe des génies ; de même, je n'ai jamais accepté que l'on s'obstine à le dépeindre comme l'exemple type de l'homme inaccompli ou académique : un Allemand cynique et sentimental ; impuissant sexuellement – pis, musicalement. Bref, un cyclone figé en formules. Si Brahms continue à être joué tous les soirs, si les interprètes les plus inspirés dans toutes les catégories, des chefs aux solistes, des musiciens d'orchestre à ceux qui pratiquent l'art si difficile de la musique de chambre, se sentent grandis à son approche, c'est* *d'abord parce qu'il est un double pour qui aime la musique, dont il a su faire chanter toutes les voix, dont il a su recueillir tous les silences. Pour ma part, ce que j'admire chez lui, c'est cette vie intérieure intense, ce jaillissement continu de l'émotion, porté par une science qui ne s'arrête pas à elle-même, ni au désir d'éprouver sa limite ; cette manière de saisir le mystère du temps, pour le dérouler à l'envers, selon le point d'écoute où l'on se situe – comme si, à la fin, on restait sur le seuil ; et comme si, dès le début, on avait franchi presque tous les obstacles ».*

Je suis heureuse qu'après Schubert, après lui seulement, vous me questionniez sur Brahms, tant il est vrai que ce compositeur est devenu un ami, un compagnon de voyage, un maître à penser la musique. Après Schubert, Brahms. Mais avant Brahms, Schumann, qui fut son maître. Et avec lui encore, nous sommes dans le principe du double, de l'altérité qui finira par m'attirer du côté de Schubert. Tantôt Florestan, tantôt Eusebius, Schumann a été comme nul autre le symbole en musique de cette division, sinon de cet écartèlement : à la fois père de famille modèle et suicidé en proie à la furie, déchirant au piano, et à l'orchestre brisant l'harmonie par l'incertitude. Or, à sa manière, Brahms aussi a été toute sa vie un homme « double ». Peut-être même est-ce ce trait, en dehors du génie commun et de la commune vibration à la musique, qui les a fait se reconnaître l'un l'autre, et s'aimer.

Brahms, un être double ?

Pour sûr : qui fut plus classique en étant plus romantique ? Qui fut plus ramassé en étant plus lyrique ? Qui fut plus frais et naïf en étant plus érudit que tous ? Ces contradictions se révèlent dans sa vie, où il fut tour à tour le plus en retrait du monde et le plus mêlé aux autres, en marge de l'amour même et pourtant toujours amoureux, nostalgique et conquérant – l'incarnation des rêveries d'Hoffmann dans la *Princesse Brambilla*, où un jeune artiste allemand, assis au Caffè Greco à côté du charlatan Celionati, transpose un à un tous les éclats du carnaval romain dans le ciel intérieur du sentiment. On retrouve cette dualité dans ses lieder. J'entends à l'intérieur de chaque lied des voix qui alternent : une mère parle à sa fille, une amoureuse confie ses élans du cœur, un amoureux exprime ses tourments sur un mode parfois élégiaque, parfois bouffon – qu'on songe à *Vergebliches Ständchen*, chanson aussi drôle que populaire. Cette fonction permet à chaque lied d'être la scène d'un opéra *de poche*. La chanteuse incarne tous les rôles, cependant que les oppositions entre ses personnages se retrouvent dans le jeu entre la voix et le piano. Le thème principal de ces lieder est l'amour. Mais l'amour selon des étendues plus vastes que celles qui occupent les seuls jeunes gens.

Comment Brahms définit-il l'amour, selon vous ?

D'une façon qui, certainement, me l'a rendu si proche et m'a donné le sentiment d'une âme siamoise à la mienne. L'amour, pour Brahms, est « le » sentiment par excellence, l'universelle émotion. Tout l'effort de l'être humain doit tendre à s'y fondre en chaque circonstance. Pour lui, l'amour, comme l'œuvre de musique, est avant tout œuvre de vie. Loin des glaciales conventions bourgeoises, des intérêts marchands, l'amour surgit dans toute sa lumineuse évidence, dans son urgence, et l'âme soudain transparaît ; il donne tout son sens à la beauté, et l'âme, alors, se jette nue aux éblouissements vertigineux. De là que son risque unique l'emporte. Que reste-t-il ensuite ? À peine, dans les notes calcinées, quelques fulgurations, quelques traces obscures comme ces marques mystérieuses de la foudre qui ne laissent rien de l'orage : quelques signes dont on ne comprend pas le sens et qu'on sent chargés malgré tout d'une signification plus lourde, plus pressante.

Cette expérience fut celle de Brahms, puisqu'on sait qu'il ne se maria jamais ni n'eut d'enfants, alors qu'il en avait la passion. Célèbre, il quittait le cercle de ses admirateurs pour faire faire des tours de manège aux enfants qui badaient devant les chevaux de bois, ou avec ses bons élèves qu'il voulait récompenser. Le sachant, on ne s'étonne plus que l'histoire la plus récurrente que nous racontent les lieder – *Liebestreu, Sommerabend* et *Der Kranz* – est celle d'une mère qui conseille à sa fille d'abandonner l'homme qu'elle aime parce qu'il lui est infidèle, à quoi la jeune fille répond que son amour est intangible et qu'elle le préfère dans son malheur plutôt que de vivre sans lui et de se forger de fausses joies. Et après on dira que Brahms était impuissant, dépressif et sombre ! À la bonne heure ! Il donne à entendre deux voix : *il tient la contradiction*. Celle-ci, à la fin, ne fait plus qu'un seul chant qui aura fait miroiter ses nuances. Un grand art qui a le mérite de savoir se faire oublier comme dans *Wiegenlied*, une berceuse qui est à la fois une déclaration d'amour à la mère et au bébé, et que Brahms offrit à la chanteuse Bertha Porubszky qu'il avait courtisée et qui venait de mettre au monde un second enfant. De même, comment ne pas goûter *Meine Liebe ist grün*, que Brahms composa sur les vers légers de son filleul, Félix Schumann, atteint de tuberculose, Félix qui était le fils de son mentor Robert et de son amour, Clara ? *Von ewiger Liebe* raconte la balade nocturne de deux amants qui vivent un amour désespéré. L'homme n'y croit pas. La femme lui répond que si, l'amour est plus fort : un dialogue baigné de clair-obscur, qui affirme, au cœur de la nuit, que la nuit aussi est un lieu de terreurs à apprivoiser. À quoi répond *Alte Liebe*, ou l'évocation d'un amour enfui, et d'autant plus vif.

Pour vous, Brahms est-il toujours révolutionnaire au sens où on concevait de l'être en son temps ? On sait à quel point les révolutions de 1830 et 1848 en France, qui ont marqué toute l'Europe, mêlent action politique et visée poétique. On sait par ailleurs que la devise de Gambetta était : « L'espérance n'est interdite à personne. »

Oui. Brahms est le révolutionnaire par excellence. Son défi est un défi à la mort. La preuve que le présent peut être vécu dans une intensité qui égale l'homme à la création, par une participation de tous les sens. Pour qui sait l'entendre, un concerto de Brahms peut mener à la transe beaucoup plus efficacement que de la techno. La joie en plus. Au demeurant, il s'agit d'un faux problème : Brahms, comme tout artiste, mêle la révolution et la réconciliation dans un même mouvement. Il ne lutte pas contre ce monde, il le porte, il l'accomplit. Il le sauve.

Vous êtes une interprète des compositeurs romantiques. Historiquement, on le sait, le romantisme se condense autour de trois axes : les droits du Je (ou l'affranchissement du Moi sociable, raisonneur et raisonnable), le retour à la nature (avec la nostalgie d'une unité perdue et le culte de l'extase qui rendrait l'innocence), enfin, le culte des passions et des sentiments, avec le goût du rêve, de l'ailleurs non moins que de l'absolu. Vous définiriez vous-même comme une romantique ?

Tout dépend ce que l'on entend par ce mot lorsqu'on l'attribue à quelqu'un, artiste ou pas. S'il s'agit d'une personne vaguement idéaliste, alors non. Si le romantisme est une façon d'être, un combat pour la plénitude, aller à l'essentiel, y aller le cœur nu, les mains ouvertes, n'importe comment, mais y aller, alors oui ! C'est certes un risque continu pour soi et ceux qui vous entourent. À moins de cela, à quoi bon vivre ? Ma définition du bonheur ? Abandonner toute peur. Les premiers romantiques – Kleist, Novalis, Hölderlin – parlaient avec la véhémence des insurgés. Ils militaient en faveur de ce qui fait vivre en vérité. Ils avaient mis en garde leurs contemporains affairés à construire la société irrespirable que nous habitons par force aujourd'hui. Chacun à leur manière, ils voulaient que leur cœur soit une image fidèle et exacte de leur âme, laquelle n'a jamais à faire qu'avec l'amour. J'entends l'amour comme le désir qui change le monde.

La vie tire son énergie du sentiment amoureux. Pour ma part, je suis en état de passion continue. De toute façon, sans passion, pas de musique. La musique est une passion qui a trouvé son rythme. Attention, toutefois : l'amour dont je parle n'est pas forcément l'amour pour un être, c'est plutôt d'abord l'amour pour la vie elle-même, dans sa réalité la plus quotidienne, la plus merveilleuse, qui procure un sentiment de complétude, un écho à l'amour qu'on vit avec son âme sœur. Je suis amoureuse lorsque je regarde des animaux s'ébattre dans la nature – la beauté de leurs corps, leur souplesse, leur ardeur à vivre – ou quand je contemple un paysage de montagne ou un paysage sous la neige. Alors je suis comblée au-delà de tous les mots.

Au lieu de considérer la musique classique comme un résidu du monde culturel propre à flatter l'auditeur, vous croyez que celle-ci peut être une sollicitation véhémente d'avoir à attester notre présence, notre humanité. Non pas seulement comme s'il s'agissait d'une harmonie enfuie, mais aussi de la déchirure qui la travaille. Y a-t-il une manière d'être romantique au XXIe siècle, qui soit modernissime ?

Peut-être. Ou tout du moins, une atmosphère commune, une allure, une attitude. Là encore, aucune recette. Le romantisme est un mode d'être, en rien une méthode. Ce serait terrible d'ailleurs, ce serait la négation de ce que ce mouvement a porté. Être romantique, c'est peut-être rester les yeux grand ouverts, conscient que si ceux qui se sont revendiqués tels se sont sentis sur le seuil de la catastrophe, nous, nous avons franchi le pas. Ce que des générations d'humains ont redouté, nous sommes sur le point de nous en donner le spectacle. En le hâtant. Question d'orgueil. Être romantique, c'est refuser toute complaisance aux pensées de malheur, quelles qu'elles soient. Elles flattent notre lâcheté et c'est insupportable. J'ai peu à peu appris à dire oui à la vie. Un oui sans réserve, quoique lucide. Aimer la vie est autrement plus exigeant que de s'en plaindre à la moindre égratignure. Si je dois vivre encore longtemps, je vous répondrai ceci sur ce qu'est être romantique : « souhaiter que la voix de l'enfant en soi ne se taise jamais, désirer qu'elle continue à tomber comme un don du ciel offrant aux pensées desséchées l'éclat de son rire, le sel de ses larmes et sa toute-puissante sauvagerie ».

Ces derniers mots, écrits autrefois par le romancier Louis-René des Forêts, ne sont-ils pas exagérés ?

Non. C'est tout simplement à la mesure du danger. À sa hauteur. On n'affrontera pas les orages de l'avenir en se repliant dans les recoins, en se contentant de faire l'éloge du minuscule, de la petite chose, des niaiseries, et je le dis sans mépris ni condescendance pour les petites choses. Le destin que notre orgueil a forgé est autrement plus tragique, et les réponses à lui opposer autrement plus exigeantes. Vous m'avez demandé si j'étais romantique ? Je vais être plus précise. Si oui, j'aimerais que ce soit au sens de Beethoven, peut-être le plus romantique des musiciens. Pour exprimer, comme lui, une espérance forcenée, commandée par une angoisse qui la réclame. Comme lui, je veux repenser le monde avec la volonté magique de son salut ; relancer chacun à la conquête de son individu « cosmique ». C'est ce à quoi parvient la musique de Beethoven, à étendre immensément devant nous les possibilités d'un être sans limites, au lieu de nous réduire aux dimensions de la réalité toujours plus exiguë que nous nous fabriquons. « Je n'ai jamais pu me réconcilier avec la *Symphonie pastorale*, où j'ai l'impression que Beethoven a versé tout ce qu'il y avait de vulgaire, de facile et d'enfantin (et c'était beaucoup) pour en finir avec cela une fois pour toutes », a écrit Samuel Beckett. Puis, dans une autre lettre, il évoque avec passion la *Septième symphonie* dont le « son de surface (...) est dévoré par d'énormes pauses noires ». Le romantisme de Beethoven ? D'un côté dire « non » ; de l'autre dire « tout est possible ». Ici et maintenant. Et maintenant ou jamais.

Quelles promesses pour quelles réponses le romantisme entretient-il ?

À chacun les siennes, selon le talent qui lui est propre. La poésie pour certains. La charité pour d'autres. Pour moi la musique. Cette conviction m'oblige à donner le meilleur de moi-même. Elle m'interdit de jouer pour me regarder dans un miroir de manière narcissique ou pour opérer quelques prouesses, pour tenter d'éblouir le public par des démonstrations de virtuosité – ce dont, imagine Flaubert, rêvait Emma Bovary. Je déteste les prouesses. Je joue pour chacun des auditeurs. Je dis chacun, vraiment, et non tous, car chacun a sa propre vie. J'essaye donc d'offrir à chacun le moyen de se retrouver lui-même, en établissant un dialogue entre nous deux. Je ne triche pas. Au moment de monter sur scène, plus rien n'existe. Il s'agit d'un face-à-face inédit, pour lequel je ne ressens qu'une option : risquer le tout pour le tout. Il faut jouer comme si l'avenir du monde en dépendait. Et après tout, pourquoi pas ? Qui sait ? Il s'agit de ces mystères qui nous échappent, mais qu'il faut provoquer. Il faut provoquer l'impossible. À ses risques et périls. C'est cela sans doute « être romantique ». Et la musique dite romantique est mon médium de prédilection pour y parvenir, mais il n'y a rien d'exclusif dans ce choix. Chaque œuvre a sa particularité. Toutes les grandes œuvres, selon leurs nuances propres, obligent au dépassement, à une transcendance de nos limites. On n'en aura jamais terminé. Et, à la fin de notre vie, nous serons sans doute tristes de n'avoir pas eu assez de temps à consacrer à tel ou tel, et déjà… à Bach, et à ce qu'il découvre : « l'architecture de nos fragilités » (Cioran), autant que « l'arc-en-ciel des voix d'anges et d'âmes » (Jean-Paul de Dadelsen).

Y a-t-il des salles ou des auditoriums plus propices que d'autres à cet échange que vous recherchez entre chacun des auditeurs et vous-même ? Avez-vous un auditorium préféré ?

Il y a des salles dont l'acoustique est meilleure que d'autres. La maîtrise de la technique a perfectionné cet aspect des salles de concerts, mais l'auditorium idéal n'existera peut-être jamais parce qu'il n'est rien sans un public. C'est le public qui donne son sens à ce que vous jouez. Considérez par exemple la ferveur du public à La Roque-d'Anthéron, dont l'auditorium n'est rien d'autre que la nature. Ce cadre ouvert a été le théâtre de concerts d'anthologie, d'heures hors du monde et d'une félicité rare. L'auditorium comme le piano ne sont que des moyens : ce qui se produit est au-delà. Dans le rapport entre une émotion qui dépasse l'interprète et les individus qui la partagent avec lui. Le public allemand est très réceptif, le public italien aussi. Et rien n'est plus étonnant qu'une salle japonaise. Les réactions y sont si intenses ! De là sans aucun doute qu'on puisse affirmer que la musique est le plus complet des arts. Au summum de l'émotion, des émotions les plus contradictoires, il n'existe ni bien ni mal. Il y a de la musique jouée avec cœur ou pas. On vit dans un corps-à-corps avec l'instant. Et ce rapport permet de temps à autre d'entrevoir l'éternité. Je me dis parfois que la musique a des pouvoirs de fée : elle est du temps qui se fait oublier. Intellectuelle, elle ne prend toutefois sa puissance que dans la sensibilité ; elle s'adresse à parts égales au corps et à l'esprit, à la passion et à la contemplation. Sans la musique, nous serions sourds au silence. Sans elle, nous serions comme les êtres non humains que décrit Platon, lorsqu'il parle de la naissance des muses ; avant la naissance des muses, rien n'a de sens ; du moment où les muses apparaissent, l'humanité peut s'avancer… En ce qui me concerne, je ressens la musique de manière physique. Elle me traverse de part en part. Elle double mon corps et me donne plus que l'esprit des choses : grâce à elle, je pénètre soudain l'invisible.

Je comprends mieux pourquoi vous avez enregistré La Tempête *de Beethoven.*

Je suis convaincue que les œuvres de Beethoven, que, pour ma part, j'interprète toujours comme si elles venaient d'être écrites, tant leur jeunesse d'esprit reste en avance sur nos manières de penser, persistent à être plus modernes aujourd'hui que la majorité des musiques à la mode. Beethoven parle plus haut que jamais ; son combat et ses révoltes sont devenus les nôtres : notre temps leur a rendu une urgence vitale, peut-être même encore plus pressée qu'au sien. Au nom de l'exigence de pureté qu'il plaçait au cœur de la musique, Beethoven a refusé les compromissions de son époque ; pour lui, celle-ci trahissait l'essentiel – que dirait-il deux siècles plus tard ? Si on l'écoute bien, sa musique continue de donner des réponses. Elle enseigne de préférer l'amour à la haine, la joie à la détresse, mais aussi la liberté absolue à la servitude volontaire : la beauté, toute la beauté, rien que la beauté. Je crois, de manière générale, que le problème n'est pas d'opposer ce qui est ancien à ce qui est nouveau. C'est un débat qui, sous prétexte d'une clarté excessive, risque d'occulter ce qu'il y a d'éternel dans le passé et de périssable dans le présent – ou, si l'on préfère, ce qu'il y a de durable, mais en devenir, dans le fait quotidien, lequel échappe invariablement, sur le moment, à presque tout le monde.

Avez-vous nourri votre amour du romantisme autrement que par la seule musique ? Vous qui écrivez – nous y reviendrons –, quels auteurs ont-ils densifié votre culture et votre dilection pour ce mouvement artistique ?

Il y a eu Novalis, bien sûr. Je dirai, même, il y a eu d'abord Novalis. À ses yeux, le Poète seul peut entrer en communication avec la Nature et devenir la Nature elle-même sans risquer de devenir un acteur passif, ni dépendre totalement d'elle. Mais cette union n'aboutit pas fatalement à une suite de vers. Le Poète court donc la chance de se transformer en être universel. Dans la partie inachevée de *Henri d'Ofterdingen*, le héros se fait fleur, bête, pierre, étoile. Le sens du merveilleux n'était pas chez Novalis une fuite devant la vie, mais la conviction que la vie est elle-même une suite de merveilles. C'est une erreur toute contemporaine d'admettre que la féerie comporte une condamnation de la réalité ; tout au contraire, qui aime la vie en profondeur ne peut le faire qu'à condition de voir en elle l'expression de mille volontés étranges et contradictoires concourant à une beauté unique, dont la conscience est aussi mystérieuse que les caprices des elfes et des fées. Ce n'est pas autrement que Novalis a aimé la mort, en laquelle il ne voyait qu'une transformation de plus, la plus extraordinaire de toutes. Il n'eût pu comprendre ce terme de morbidité appliqué méprisamment à son égard par une certaine critique. Le rêve, l'amour, la contemplation de la nature, la maladie, la mort lui semblaient participer de la même union du moi et du non-moi, qui est la conscience la plus haute de la poésie. Dans ce monde même, où se trouve sans cesse un élément de chute et de destruction, le poète par son action secrète lui apparaissait comme un perpétuel esprit de résurrection, le véritable sauveur de la matière. Ce fut ainsi que ce jeune homme, mort à vingt-neuf ans, le 25 mars 1801, a été un des plus grands prophètes du XIXe siècle, l'annonciateur d'une ère nouvelle. J'y vois, là aussi, là encore, des correspondances avec le chamanisme que j'ai découvert en Amérique chez les « Natives ». Je vous en parlerai plus en détail.

Novalis est-il le seul poète romantique qui vous ait inspirée ?

Non, bien sûr. Tous les poètes du romantisme m'ont touchée, chacun sur une note plus singulière, parce que, de Shelley à Leopardi, d'Aloysius Bertrand à Gérard de Nerval, tout le romantisme a cherché à concilier l'âme du monde et celle du poète qui le chante dans le but de devenir monde à son tour, et si possible par des voies nouvelles : le poème en prose, l'usage des drogues, l'exaltation du rêve et la recherche d'un point de rencontre entre l'ici et l'ailleurs, entre ce qui est de ce monde et ce qui est accolé à lui – la nuit, l'amour et leurs révélations, quel que soit le prix à payer pour elles. Leur époque ressemble à la nôtre. Dans un temps qui a vu la ruine des croyances et le bouleversement des modes de vie ancestraux, jusqu'à donner naissance aux villes, au prolétariat et aux découvertes scientifiques comme aux explorations des pays les plus lointains, la poésie et la musique ont trouvé, pour la première fois depuis des siècles, leur valeur de contre-monde, ou de monde en soi.

En France, si les disciples de Hugo ont fait de la poésie une religion, Baudelaire en a fait une foi. Or Rimbaud l'a lu et admiré. Parle-t-il de lui qu'il l'appelle, à raison, « un vrai Dieu » ! Rimbaud a repris la pensée poétique de son aîné qu'il a poussée à bout, aux limites du dicible. Pour Baudelaire, il y allait avec *Les Fleurs du mal* d'un poème de la totalité ou, dit autrement, d'un traité de pensée, sous une forme versifiée, donc musicale. Rimbaud, au terme de son aventure, parviendra à créer un poème, non plus philosophique mais, par-delà la pensée et ses catégories, en allant directement au motif et à la couleur, comme il inventera une musique qui harmonise le cri et le silence – raison pour laquelle je ne cesse de le lire et de m'en pénétrer. Néanmoins, l'enjeu ne se limite pas seulement à des questions d'esthétique : ce qui se joue n'est pas qu'affaire d' « école poétique ». Le grand désir de conversion est à l'œuvre dans la pensée occidentale, où il s'agit d'entrer dans la vie nouvelle dont Dante, Baudelaire et Rimbaud ont formulé le vœu : Baudelaire lorsqu'il écrit espérer, grâce à Dieu, que sa mère puisse vivre suffisamment âgée pour « jouir de [sa] transformation », Rimbaud lorsqu'il opte fièrement pour sa devise : « changer la vie ». Leur poésie excède de beaucoup le cadre esthétique pour appeler, par les moyens d'un verbe supérieur, l'advenue d'un moment spirituel qui ne réponde plus à une religion donnée, qui ne spécule plus sur un salut, qui ne s'en remette à rien d'autre qu'elle, au risque de les condamner à l'errance des maudits. Ce point est la vengeance assurée des critiques.

Quant à Novalis, je voudrais préciser combien son romantisme, et après lui celui de Byron ou de Lamartine, ce romantisme des premiers temps, a été *héroïque*. Et j'épouse résolument l'idée qu'a exprimée l'écrivain Joseph Campbell, quand il annonce que « l'artiste est le meilleur prototype du héros moderne. » Le monde n'était-il pas à réinventer, et le bonheur une idée neuve en Europe, comme l'avait proclamé Saint-Just, l'archange de la Révolution ?

Intimités

Un tel engagement, l'engagement de l'artiste avec son art, tel que vous le décrivez, laisse-t-il beaucoup de place à une vie personnelle ? Rappelons-nous ce qu'avait avancé le poète Henri Michaux : « La musique remplace les êtres, la femme, l'enfant, les amis, en ce qu'ils ont de merveilleux, mais dont on voudrait souvent, et sans s'en douter, par une merveilleuse soustraction de ce qui est gênant, ne garder que ceci, qui les exprime, pour les rendre aussi inoffensifs que ces vagues de délices qui soulèvent le cœur. Musique, axe archaïque, qui tient les axes multiples. »

Vous pouvez citer la fin du texte : « Axe d'avant, dirait-on, l'ambivalence. Art qui chante le divin sans avoir à croire en Dieu, ni à se retenir à des dogmes. » Maintenant, si vous entendez « vie personnelle » comme « vie domestique », il y a peu de place, il est vrai. Rien n'enrichit davantage ma vie personnelle, ma personne vivant cet instant-là entre tous, que mon engagement musical. Mais ma vie domestique ? Ce qu'on appelle prosaïquement le quotidien ? Alors très peu de place. Entre les répétitions, les concerts, les tournées dans le monde, le travail personnel de déchiffrage et d'exercices, il reste peu d'heures à consacrer aux autres, à l'autre, dans la journée. Je suis très reconnaissante à mes amis pour leur fidélité. Ils ont compris mon manque de disponibilité physique, le peu d'heures que j'avais à leur accorder… en « présentiel », comme on le dit aujourd'hui. Nous nous parlons par téléphone, encore faut-il conjuguer l'arithmétique des décalages horaires. J'ai quelquefois oublié de le faire et j'ai appelé des proches à une heure indue de la nuit, provoquant une vague terreur chez eux. Que m'arrivait-il pour que j'aie besoin de les réveiller ? Avec la personne qui décide d'engager sa vie à côté de la vôtre, avec vous, ce mode de vie est effectivement un problème dès que le compagnon ou la compagne de l'artiste attend une vie de couple « normale ». Des horaires réguliers. Ou dès que son amour a besoin, pour s'exprimer, de la présence charnelle et permanente de l'autre. Je comprends qu'on puisse se sentir abandonné lorsqu'on se réveille seul chaque matin pendant des semaines parce que l'autre court le monde. Je comprends qu'on se sente désemparé de ne pouvoir ouvrir son cœur, partager ses journées le soir, en rentrant chez soi. Et qu'il soit frustrant, blessant parfois, lorsqu'on est au téléphone, de ne pas sentir chez l'autre une écoute attentive, totalement réceptive à l'énoncé des joies, des peines, des difficultés, des espérances. Il faut alors que ce compagnon, cette compagne, comprenne et accepte qu'après un concert, c'est-à-dire l'heure à laquelle il peut appeler parce que dès le matin, entre les rendez-vous avec les organisateurs, ceux avec le chef d'orchestre ou le musicien, entre les répétitions puis le temps de la représentation, il est impossible de nous joindre, après le concert donc, on soit totalement « vidé ». L'expression n'est pas élégante, mais elle définit à la perfection ce sentiment de creux, de vacuité, de dépression dans le sens de chute de pression qu'un concertiste ressent alors. Sur scène, pendant deux ou trois heures, j'ai tout donné au public et la musique m'a épuisée, au point que je traverse cette tristesse profonde, assortie parfois de larmes, que connaissent les femmes qui viennent d'accoucher. Une amie m'a raconté sa dépression *post partum* et, quand elle parlait, je songeais : « Mais c'est exactement ce que j'éprouve après les concerts. » La sensation qu'un élément constitutif de ma personne m'a été retiré et que rien ne remplacera dans les heures qui suivront cette délivrance au monde. Il arrive aussi que le courant qui est passé avec le public soit d'un voltage si intense qu'il m'électrise pendant des heures. Alors je suis dans un état d'excitation et d'euphorie extrêmes, qui me maintient dans une situation de déphasage avec le reste du monde – celui des étudiants au terme de l'ultime épreuve de leur diplôme. Je suis prise d'une logorrhée épuisante pour mes auditeurs, qu'il s'agisse de mes parents, de mes amis ou de mon compagnon. Enfin, un troisième personnage s'insinue dans votre vie de couple, invisible mais tangible, comme un amant, et qui, comme un amant, instaure le principe d'une double vie : le public. C'est à lui qu'on se donne sur scène, avec lui que le couple musique-auditeur, dont l'interprète est le trait d'union, se construit. Lui qu'on évoque le soir, avec qui on partage sa vie dès que les tournées et les récitals commencent. Et quelquefois avec lui qu'on s'attarde aussi après la scène, du moins avec quelques-uns des plus fidèles, parce qu'ils partagent en vérité ce qu'il vient de se passer, qu'ils le prolongent, qu'ils vous en parlent et qu'ils vous suivent depuis toujours. Même si votre connexion avec eux est exclusivement centrée sur les questions musicales et sur votre rapport avec la scène et le piano, elle est néanmoins intense. J'ai d'immenses amis parmi ces fidèles, quand bien même je les rencontre peu et rarement. Lors de mes concerts, je reconnais des visages, j'aperçois leurs sourires, leurs petits signes de la main, et à chacun de ces inconnus qui d'année en année me sont devenus si familiers et si nécessaires, je donne tout ce que la musique me permet de leur offrir. Je l'ai dit, lors d'un concert, lorsque tout est au diapason de la grâce, nous sommes formidablement, férocement ensemble. Dans les minutes où je fais face à chacun, moi sur la scène et eux dans la salle, nous sommes en communion – le même amour nous traverse. Longtemps, j'ai pensé que rien, dans une rencontre amoureuse qui aurait lieu au-dehors de la musique, ne pourrait jamais insuffler cette vérité. J'avais tort bien sûr. La suite me l'a prouvé. Mais ce en quoi j'ai eu raison, c'est qu'il est erroné de croire que l'émotion de l'instant s'exporte en d'autres lieux, d'autres temps, d'autres affects. Quand bien même la tentation est forte de transgresser cette règle, il faut résister au risque de se heurter à de cruelles déceptions.

En avez-vous souffert ?

J'ai choisi cette vie. Ou plutôt, elle m'a choisie. Elle a toujours été d'une totale évidence et je n'en ai jamais envisagé d'autre. La musique n'est pas un métier pour moi, c'est ma vie, une vocation, et j'ai toujours voulu rester fidèle à la formule des romantiques – autant dire, incarner à chaque instant la musique dans ma vie. C'est encore un point qui peut créer un déséquilibre dans un couple, si l'un a un métier, et l'autre une passion. Pour beaucoup, le travail est une contrainte, une douleur, comme l'indique l'étymologie du mot, et ceux-là admettent difficilement qu'il puisse être une source de joie infinie et qu'on cherche à la vivifier, à la renouveler infiniment aussi. Qu'il ne s'agit jamais d'une routine qu'on répète à neuf heures le matin et qu'on met entre parenthèses à dix-huit ou dix-neuf heures le soir. Qu'il est un mouvement continuel, une remise en cause et un questionnement parfois douloureux. La musique m'inscrit dans un mouvement, une sorte de fugue, dont je ne peux pas me désolidariser car, figée, la musique meurt et je crois que je mourrai avec elle puisqu'elle donne le *la* au reste de mon existence. J'ai finalement rencontré l'homme qui acceptait de partager ma vie, qui a compris que ce que je donnais à la musique, je ne le lui prenais pas et qu'au contraire, elle m'épanouissait et me rendait plus fructueuse pour nos relations. Il l'a d'autant mieux compris qu'il est lui-même un artiste, qu'il doit se déplacer et, lui aussi, photographe, pratiquer son art en « chambre ». Chambre noire pour ses développements. Musique de chambre pour mes études et mes répétitions. Isolés l'un de l'autre, nous nous portons par la pensée dans cette claustration parce que nous savons le sens commun de notre travail. Il y a dès lors un phénomène réjouissant de transmission spirituelle, de flux de pensées, tout devient léger, rien de cette solitude n'est aride. Il n'y a plus de ces reproches dont j'ai souffert en amour, et j'entends là toutes les relations affectives, parents, amis, à savoir que j'étais égoïste, ou narcissique, tous confondant ma personne (à qui je prends tout moi aussi) et la musique à quoi je donne l'essentiel. Enfin, ma conception de l'amour m'a fait longtemps préférer vivre seule plutôt que de me contenter d'une demi-mesure, voire de compromis permanents – même s'il en faut dans le quotidien quand on vit à deux. J'en conviens. La Rochefoucauld l'a dit : « Il n'y a pas de mariage délicieux. Mais vous verrez, il y en a de bons. »

Qu'ils soient bons, voire délicieux, cela ne dépend que de nous. Comme tout le monde, je sais que l'amour n'est pas donné et que, même si je l'ai trouvé, il demande à être gagné à chaque instant. Dès que vous pensez avoir l'amour, vous êtes sur le point de le perdre ; et si vous ne prenez pas soin de l'amour de l'autre, ce n'est pas seulement lui que vous perdez, c'est également vous-même. L'amour n'est pas une chose qu'on possède comme un bien, ou dont on puisse être assuré qu'il va durer ; c'est la part la plus périssable de notre être : il demande à être fortifié chaque jour. C'est le travail d'une vie. Un travail qui ne souffre pas de demi-mesures.

Quelle est votre conception de l'amour ?

Ce que je dis de la musique, je le dirais de l'amour. On ne devrait vivre que par amour. Et on ne devrait d'ailleurs mourir que par amour, et non d'une mort tragique ; on ne devrait créer que pour dépasser cette mort, et ne cesser de créer que par cette mort. J'ai choisi, pour forger cet idéal, en amour comme en musique, un allié conséquent : Arthur Rimbaud. Je m'étonne toujours qu'on s'interroge au sujet de son silence, sans comprendre que celui-ci n'est que le contrepoids de sa féerie musicale. Car Rimbaud se fit d'abord musique, « opéra fabuleux ». À son exemple, séduit par cette aimantation qui fait de quelques notes le plus vaste champ magnétique mis à notre disposition, si je veux me diriger, comme se lit le cadran d'une boussole, au cœur de l'essentiel, en amour comme en musique, je relis à voix haute son ultime promesse, qui répond au nom de « génie ». En deux phrases, tout est dit : « Son jour ! l'abolition de toutes souffrances sonores et mouvantes dans la musique plus intense. » Et encore : « Son corps ! le dégagement rêvé, le brisement de la grâce croisée de violence nouvelle ! » Ainsi, un être viendra qui se mesurera à la tragédie qui fait le fonds de cette existence. Il se délestera de la misère par le spectacle qu'il s'en donnera, il s'y verra et l'humanité avec lui, mais il ne s'y s'arrêtera pas : la musique l'entraînera. Ce génie, Rimbaud le décrit d'avance : « Il est amour, mesure parfaite et réinventée. »

Savez-vous qu'après avoir mis fin à ses écrits, Rimbaud a pris, en 1875, des cours de piano avec un professeur dénommé… Louis Létrange ? Sa sœur cadette Vitalie chantait et il jouait. Vitalie a écrit qu'il s'y « évertuait des journées entières ». Après tout, n'avait-il pas écrit : « Car JE est un autre. Si le cuivre s'éveille clairon, il n'y a rien de sa faute. Cela m'est évident : j'assiste à l'éclosion de ma pensée : je la regarde, je l'écoute ; je lance un coup d'archet : la symphonie fait son remuement dans les profondeurs ou vient d'un bond sur la scène » ?

Vous croyez possible de rencontrer un tel idéal ? Et de le vivre une vie durant ?

Assurément, la musique me l'enseigne chaque jour. Or la musique m'a éduquée autant que ma mère, puisque j'ai quitté le domicile parental très tôt, comme je vous l'ai dit, pour Paris et le Conservatoire. Elle m'a éduquée dans un sens précis : elle m'a élevée. Bach, Mozart, Haydn et, plus précisément, plus personnellement, Rachmaninov, Brahms ou Chopin m'enseignent la vie, et en travaillant leurs œuvres, je les interroge continûment. Ils sont les initiateurs et les gardiens qui, sans cesse, inépuisablement, me rappellent l'horizon, la source, le renouveau et le dépassement de soi. La musique annonce, et elle annoncera toujours la vérité, parce qu'elle dit l'avenir. Le travail, l'humilité et l'écoute qu'elle exige pour accéder à l'extase devraient être mis en œuvre de la même manière dans nos relations amoureuses, couple ou amitié. Comme en musique – inutile d'imaginer qu'on pourra jouer un nocturne de Chopin sans avoir étudié le solfège et fait ses gammes. Et sans perdre de vue que nous sommes responsables de l'amour qu'on nous porte, dès lors qu'on l'accepte. Cet amour singulier, unique, entre deux êtres, cet amour miraculeux, est comme l'enfant que la rencontre amoureuse – et tout autant amicale, j'insiste – met au monde. Songerait-on laisser ce nouveau-né sans soin, sans affection, sans nourriture, et finir par lui reprocher son inanition ?

Oui, j'assimile l'amour et la musique. Dans *Leçons particulières*, où je livre mon éducation sentimentale, j'évoque le petit film qu'au Conservatoire je m'amusais à me projeter, avant de m'endormir : une voyante se penchait sur sa boule de cristal, la frottait et, brusquement, le globe de verre s'ouvrait pour déverser, dans tout l'espace, à tous les étages, des flots de Bach pour les désespérés, de Brahms pour les amoureux, de Mozart pour les spirituels, de Vivaldi pour les joyeux.

Depuis toujours, je sais que lorsque j'interprète une œuvre au piano, lorsque je cherche à transmettre son mystère, lorsque j'y parviens enfin et que je la dévoile dans une sorte d'état de grâce, c'est l'amour que je regarde dans les yeux. C'est ce que m'enseignent les œuvres que j'interprète le plus souvent et c'est aussi la raison pour laquelle je les ai choisies. Trouver la clé des œuvres, c'est aussi trouver la clé de l'amour.

Pour autant, je dois apporter quelques précisions. À mon sens, l'amour, dans un sens général, n'existe pas. C'est toujours un jeu entre un « toi » et un « moi », que la passion révèle dans leur unicité. Aimer, dans ce sens précis, c'est pouvoir se déployer selon les lois de l'existence qui nous est la plus propre. De là que l'amour – ni le cri de la souffrance extrême, ni le pressentiment de la joie parfaite, mais une révélation qu'on dirait fiévreuse – est bien l'expérience spirituelle la plus puissante, la modalité de connaissance la plus profonde, le dégagement, dans l'expérience, d'une transparence de l'être qu'il s'agit de garder devant soi comme le bout du chemin, aussi labyrinthique et brisé d'orages soit-il. Aimer, qu'est-ce sinon s'ouvrir à une plénitude, que le désir contient et renouvelle avec le monde ; et, à travers cette ouverture, permettre à l'infini rêvé de s'incarner dans le fini de l'être qu'on élit ? « Je veux que tu sois » – cette parole est celle de l'amour, telle que Robert Schumann, Clara Schumann et Johannes Brahms l'ont prononcée, dans leurs œuvres, chacun l'un pour l'autre.

Robert voulait que son épouse fût elle-même musique, comme Clara voulait que Johannes fût musique lui aussi, et que ce dernier permît à ses deux amis d'être tels qu'ils nous demeurent à travers leurs notes, dans leur intensité – preuve d'une histoire d'amour qui aura été singulière, comme toutes les histoires qui veulent conquérir un absolu, et l'atteignent. À leur façon, ces musiciens, dont l'espace intérieur fut celui d'un risque vertigineux, nous font entendre que l'amour est une charité sans défaillance, la liberté la plus intime de l'un vis-à-vis de l'autre.

La musique vous a enseigné l'amour et vous l'enseigne encore, certes, mais vous apprend-elle la vie de couple ?

Oui, et non. Ou plutôt non, et oui. Non car on ne peut pas vivre seul et uniquement de musique. J'ai connu cette situation de solitude sentimentale que j'ai fini par trouver pesante – cet état qui faisait signe en direction d'un manque. Il y a un sentiment d'incomplétude qui s'installe. Ce n'est pas la relation physique qui manque, mais la relation de cœur à cœur, d'âme à âme, de confiance. Savoir qu'un être sur cette terre tient à vous comme vous tenez à lui et qu'il vous a attendue avant de vous connaître, qu'il attend votre retour lorsque vous vous éloignez. Savoir que vous êtes… sa préférée. Mais le désir d'une rencontre ne provoque pas toujours « la » rencontre, celle avec votre jumeau cosmique, votre âme sœur. Alors on peut s'engouffrer dans une relation amoureuse sur de mauvaises bases en pensant qu'elle est la bonne, l'unique, et, en définitive, n'y trouver que le désir, la jouissance, le plaisir, le sexe et parfois même l'amour-propre. Ce qui n'est pas si mal, mais ce n'est pas l'essentiel pour construire cette relation amoureuse idéale, ce qu'on appelle un couple.

Pourquoi évoquez-vous l'amour-propre ?

Il est peut-être le piège le plus pernicieux. L'amour miroir aux alouettes. Qu'un être vous adule et vous admire, et ce n'est pas votre amour qui lui répond, mais votre amour-propre qui exulte dans une forme d'autofascination, ou de narcissisme, capable de mener à l'autodestruction. De là qu'il y ait tant de ruptures, tant de désillusions, tant de vagabondages amoureux. Tant de cris, tant d'angoisse, et de si nombreuses solitudes. On comprend le souhait d'Auden : « Si l'amour ne peut être partagé, que je sois celui qui aime le plus. »

Et la vie à deux ?

Je ne pense pas qu'il y ait de recettes pour vivre à deux, si ce n'est les bons vieux préceptes de base, indispensables pour toute relation : respecter l'autre, respecter sa liberté. En revanche, il y en a pour s'assurer d'un naufrage. Ainsi, s'embarquer avec quelqu'un qui ne vous écoute pas et ne vous comprend pas. Or, si vous avez fait cette erreur, c'est que vous ne l'avez pas écouté ni entendu non plus. S'il existait une recette pour vivre idéalement à deux, on le saurait depuis plus de trois mille ans que les hommes vivent, s'épousent et font des enfants. Et comment y en aurait-il ? Chacun de nous est singulier, unique, composé de pensées, de désirs, de pulsions qu'il ne connaît pas toujours lui-même. Ce composé mystérieux va en rencontrer un autre, tout aussi complexe, subtil, fragile. La combinaison des deux peut être parfaite ou s'avérer catastrophique. Enfin, il y a l'indispensable étincelle, la flèche de Cupidon, ce premier regard où l'on sait que tout se joue, ou que tout est déjà joué – ce regard qu'échangent Vronski et Anna Karénine à la gare de Moscou. Anna qui s'éloigne sait qu'elle ne doit pas se retourner pour savoir si Vronski la suit des yeux – ce dont elle est déjà certaine. Elle a conscience des conséquences de ce mouvement de tête, de leurs regards s'ils se croisent – la naissance d'un accord, et le signe de son consentement à l'amour interdit. Si elle le fait, alors elle sera perdue, sans plus de pouvoir sur sa vie, ni ses sentiments. Et encore là, j'évoque une passion, un amour frustré par le destin : Anna est mariée quand elle rencontre Vronski – une époque où divorcer restait inenvisageable. Mais se seraient-ils aimés si férocement s'il n'y avait pas eu l'interdit, et les délices de la transgression ? Ajoutez, comme on vient de le voir, la complexité des vies et des métiers, l'empreinte d'une éducation, les différences chez chacun. Il peut y avoir des résistances à la fusion de deux âmes. Enfin, vivre à deux, c'est confronter l'idéal aux aspérités de la réalité, aux difficultés du quotidien, au décalage qui peut survenir entre les humeurs de l'un et l'humeur de l'autre. Nous ne sommes pas toujours en phase. Pour autant, s'il n'y a pas de recette, il y a des directions, des voies à prendre. Elles nous sont indiquées par la musique, comme je viens de l'évoquer – ne jamais tenir le résultat pour acquis, ne jamais négliger de viser à la perfection de son amour. Elles nous sont tout autant révélées par des poètes, des écrivains, des artistes.

À qui pensez-vous ?

À cette belle définition qu'avait donnée Nietzsche, à qui on avait demandé ce qu'était un couple réussi. Il avait répondu : « Une longue conversation. » Tout est dit. Lorsque je vois ces couples face à face au restaurant qui ne s'adressent plus la parole, qui n'ont plus rien à se dire, ou ceux qui restent plongés dans la consultation de leur téléphone portable, je me redis les mots du philosophe. Enfin, je crois en une éducation à l'amour. Cette éducation nous est offerte par l'exemple. J'ai eu la chance de grandir à l'ombre de parents qui s'aimaient. J'ai eu un couple, un couple magnifique pour modèle. Si l'on n'est pas nourri dès l'enfance d'amour – par l'exemple déjà, mais plus largement par la littérature, une fois encore par la musique, la poésie –, si on ne se forge pas un idéal, alors l'amour surgira dans notre vie dans sa forme la plus frustre, le couple, qui devrait être la plus sublime. L'Amour doit préexister à l'amour. Or, comment le pourrait-il ? Déjà, nous n'aimons plus le monde. Nous n'aimons plus l'avenir, nous n'aimons plus demain. Peut-on aimer sans cette foi, cette confiance ? Nous n'aimons plus l'autre, nous en avons peur : avez-vous vu les gens dans les bus ou dans les trains, dans le métro ? Personne ne se parle, tout le monde serre son sac, les boutons de son col. L'autre, c'est ma peur à moi.

Vous n'avez pas de modèle, dites-vous, mais à quoi reconnaissez-vous la vérité de ce que vous décrivez ?

La joie. Rien n'est plus terrible que se complaire dans une passion malheureuse, une relation maladive et, comme le disent les psychiatres aujourd'hui, « toxique ». La joie, un amour joyeux nous entraînent à l'échange et au partage. Me voilà tenue de rendre à celui que j'aime la liberté que j'ai puisée dans son amour. J'ai parlé de leçons données par la littérature. C'est le moment de rendre à César ce qui lui appartient. De répéter les mots de Rilke, de Samuel Beckett ou de Henry Miller, que j'ai déjà cités dans mon livre *Leçons particulières.* Rilke :

Car telle est la faute, s'il y a faute de quoi que ce soit,
Ne pas augmenter la liberté de l'aimé
De toute la liberté qu'on trouve en soi.

Nous n'avons, quand nous aimons, à nous tenir qu'à cela seul,
Nous laisser être l'un l'autre.

Samuel Beckett : « Ses yeux se sont ouverts et m'ont laissé entrer. » Henry Miller : « Je ne regarde plus dans les yeux de la femme que je tiens dans mes bras, mais je les traverse à la nage, tête, bras et jambes en entier, et je vois que derrière les orbites de ces yeux s'étend un monde inexploré, monde des choses futures, et de ce monde toute logique est absente. Alors, l'œil, libéré du soi, ne révèle ni n'illumine plus, il court le long de la ligne d'horizon, voyageur éternel et privé d'informations. J'ai brisé le mur que crée la naissance, et le tracé de mon voyage est courbe et fermé, sans rupture. Mon corps entier doit devenir rayon perpétuel de lumière toujours plus grande. Je scelle donc mes oreilles, mes yeux, mes lèvres. Avant de redevenir tout à fait homme, il est probable que j'existerai en tant que parc. »

Il y a enfin, pour illustrer cette qualité de liberté qui doit être l'atmosphère même de l'amour, le passage de Stig Dagerman que j'avais choisi comme épigraphe de mon premier livre, *Variations sauvages*. « Voici que s'approche le miracle de la libération. Cela peut se produire sur le rivage, et la même éternité qui, tout à l'heure, suscitait mon effroi est maintenant le témoin de mon accession à la liberté. En quoi consiste donc ce miracle ? Tout simplement dans la découverte soudaine que personne, aucune puissance, aucun être humain, n'a le droit d'énoncer envers moi des exigences telles que mon désir de vivre vienne à s'étioler. Car si ce désir n'existe pas, qu'est-ce qui peut alors exister ? »

De l'amour encore

Vous avez évoqué des moments de solitude. Sont-ils fréquents lorsqu'on mène la vie de concertiste qui est la vôtre ? Comment s'y habituer ?

Depuis l'âge de vingt ans, je ne cesse de me déplacer d'un bout à l'autre de la planète, toujours heureuse lorsque je peux poser mon sac dans ma petite ferme de Salem, entre deux tournées. Pendant ces tournées, on peut se sentir seul psychologiquement, parce que les êtres que vous aimez vous manquent, mais objectivement, on ne l'est jamais vraiment. Tout est mis en place dès votre arrivée et jusqu'au moment où vous reprenez l'avion, avec des gens pour vous attendre, s'occuper de vous, répondre à vos demandes. À dire vrai, la solitude je ne l'ai vraiment éprouvée, éprouvée dans son essence, dans sa radicalité, que dans deux situations. Ou plutôt trois situations. À Tallahassee, lorsqu'à dix-neuf ans j'ai tenté l'aventure américaine et que je me suis retrouvée dans cette petite ville perdue à l'intérieur de la Floride. Et j'étais dépourvue de tout repère, sauf la musique. J'ai connu des heures d'aridité dont ne m'a sauvée que la présence d'Harvey, une chienne berger allemand croisée de husky folle de joie à l'idée d'aller gambader dans les longues rues désertes de cette banlieue d'une ville de l'Amérique. Elle me reliait aussi à ma famille par le souvenir de Rip, le chien de mon grand-père que j'ai aimé avec démesure, comme toujours dans mon enfance dès que j'étais en contact avec un animal. J'ai traversé cette période comme doivent le faire les navigateurs en solitaire. Je me suis armée contre les assauts de doute, de vide, comme ils le font contre les tempêtes, en verrouillant tout ce qui, dans mon esprit, pouvait les laisser me pénétrer. J'ai revécu avec Alawa, ma louve, le soir où je l'ai rencontrée et où nous sommes devenues nécessaires, indispensables l'une à l'autre.

L'autre moment de solitude, c'est la scène, lors des récitals. J'ai déjà évoqué la tension, l'énergie, la force que réclame de jouer seul, de tenir dans un même mouvement la salle entière et la quintessence de la musique à laquelle on donne vie – pour lui faire dire ce qu'on entend du sens qu'elle porte et qui peut encore nous sauver aujourd'hui, nous sauver de la tristesse, de la vulgarité, du cynisme. Jouer seul est une odyssée, l'escalade en solitaire d'une montagne par une voie jamais ouverte. C'est une expérience sévère, presque religieuse. Chaque soir, même si le programme est le même, il faut se réinventer et tendre à être ce que certains interprètes sont parvenus à incarner : un saint, une sainte dans l'ordre de la volupté spirituelle. Jouer avec la crainte – la terreur – que la magie n'opère pas ou qu'on ne puisse rester dans ce mouvement ascendant vers la plénitude, de la musique et de soi-même. Il n'y a aucune parade possible, aucun mécanisme qui mette à l'abri d'un échec. On peut avoir répété pendant des jours et des heures, s'il manque ce petit supplément d'inspiration, cette connexion avec le mystère même de la musique, les portes restent fermées – on n'entre pas dans le monde infiniment suggestif de la musique, et on n'y fait entrer personne. On est seul, terriblement seul pendant cet exercice, et plus encore lorsqu'on échoue.

Et la troisième situation ?

J'ai été malade, au point d'avoir à annuler beaucoup de concerts. J'avais dû prendre du recul. Le point positif avait été cela – il faut en trouver un, toujours, pour tenir droit dans l'épreuve –, de me sentir en empathie avec tous ceux qui avaient connu cette traversée aride et ceux qui la connaissaient encore. J'étais tombée un jour sur ces mots de Flannery O'Connor qui m'avaient rappelé cette parenthèse de la maladie, qu'elle considérait comme une forme de voyage : « Je n'ai jamais visité d'autres pays, sinon celui de la maladie et, en un certain sens, c'est une expédition qui vous nourrit plus qu'un long voyage en Europe. Mais c'est le seul endroit où personne ne puisse vous accompagner. »

L'amour vous a-t-il inspiré un disque particulier ?

Absolument. Le disque que j'ai intitulé *Réflexions*. Pourquoi réflexion et pourquoi pas amour, puisque c'est l'amour entre Robert Schumann, Clara Schumann et Johannes Brahms qui l'a inspiré ? J'ai préféré le mot réflexion parce qu'on peut l'entendre de plusieurs manières. Il y a le sens courant, la pensée – la réflexion comme résultat de l'acte de penser –, et pour moi, la musique n'est pas séparée de la pensée, c'est une manière de rendre le monde *compréhensible*, de lui donner *une raison supérieure*. La musique est certes un art de la sensibilité, mais une sensibilité qui a son terme dans l'intelligence, comme on dit « être d'intelligence avec une personne ». La musique est l'expression d'une intelligence avec la vie. L'étymologie du mot indique par ailleurs qu'il s'agit d'une flexion en arrière (ré-flexion), une flexion qui retourne à son point de départ. Toute réflexion dessine l'espace d'un cercle, où l'on parcourt un chemin, avec un point de départ et un point d'arrivée.

Mais l'amour des trois musiciens ?

Il est dans ce chemin et son achèvement : il part de l'amour de Robert Schumann pour Clara Schumann, passe par celui de Clara Schumann pour Robert Schumann et aboutit à celui de Johannes Brahms pour Clara Schumann. Dit autrement, c'est un disque qui part de l'amour pour aboutir à l'amour à travers une relation certes compliquée, mais qui dessine un espace cohérent. Malgré la folie, malgré la mort, c'est l'amour qui triomphe – cet amour qu'on entend dans leur musique, et qui nous vrille toujours le cœur. J'ai voulu montrer que si l'amour n'est pas un chemin facile, il n'est pas non plus impossible. Raison pour laquelle il faut lui faire non pas une place dans nos vies, mais lui céder, avec générosité, toute la place. Dit autrement : les œuvres que j'interprète dans ce disque sont aussi bien des sommets de *la sensibilité* que de *la pensée*. Elles nous obligent à nous poser des questions sur nous-mêmes, la question principale étant : qu'est-ce qu'aimer, qu'est-ce que la fidélité, qu'est-ce que la passion doivent être, pour éviter de tomber dans la destruction de l'un par l'autre ? Robert Schumann a aimé Clara Schumann, qui a aimé Johannes Brahms, qui a vénéré ses deux amis. On pourrait en faire une histoire de trio amoureux (le mari, la femme adultère, le jeune amant), voire un vaudeville bouffon ou sordide, alors que la musique qu'ils ont composée prouve qu'il s'agit de bien autre chose, qu'il s'agit justement de l'exact contraire ; leur amour a porté des fruits, il a été créateur, il a dit les espérances de l'amour. Il y a la réflexion ensuite au sens technique du jeu de la lumière sur les miroirs : les miroirs réfléchissent. Jean Cocteau disait drôlement : « Les miroirs feraient bien de réfléchir avant de me renvoyer mon image. » Pour ma part, ce que j'ai voulu capter, ce sont les réflexions des musiques de Robert, Clara et Johannes les unes sur les autres. L'interprète est le miroir des autres, il transmet leur éclat. Il leur prête sa vie. De manière plus générale, j'ai souhaité achever la trilogie initiée avec *Credo*. *Credo* posait la question de la foi, dans un monde où l'on ne croit plus en rien, où le chaos domine – la guerre, les catastrophes sont partout – et où l'avenir semble incertain, ne serait-ce que d'un point de vue écologique, avec – il faut le répéter et le répéter sans cesse – la destruction par l'homme de son habitat et des autres espèces. Cela étant, une foi qui ne fait pas l'épreuve du doute prend vite le risque de devenir un fanatisme de plus, avec tous les risques que l'on sait ; ce moment de doute, j'ai voulu l'indiquer dans mon disque consacré à la mort, à travers les sonates de Chopin et de Rachmaninov.

Pour quelles raisons ?

J'ai eu la certitude qu'il fallait que je le fasse dans une sorte d'illumination. J'étais en tournée au Japon et j'ai appris que mon illustre confrère, Maurizio Pollini, consacrait une soirée à jouer Chopin. Je suis allée l'écouter et là, durant le concert, je ne sais pourquoi, j'ai été submergée par la présence d'êtres que j'avais aimés et qui ont disparu. Mon arrière-grand-père et sa tendresse un peu bourrue qui me laissait m'évader avec confiance et qui confiait mes fugues à la garde de son chien, une amie chère qui est partie en emportant quelque chose de moi, quelque chose de mon âme, que je n'ai jamais retrouvé. J'ai eu cette révélation brutale, ce sentiment d'une urgence : il fallait que je joue et que j'enregistre la *Sonate funèbre*, et qu'enregistrée avec la *Deuxième sonate* de Rachmaninov, elle éclairerait l'accord dissonant de la douleur et de la vie que la mort a posé, et que seule la mort peut résoudre. Cette révélation, les deuxièmes sonates de Chopin et de Rachmaninov la rendent sensible. L'âme du véritable amour s'y découvre, puisque c'est l'amour qui fait aussi la grande douleur. De celui qui n'est plus, le cœur ne sait rien, sinon qu'il se répète : « Il était », et : « Il n'est plus. » Ce que propose alors la musique à notre peine ? La tristesse ineffable : l'être aimé est un mot que la passion inscrit et que le hasard efface ; une espérance forcenée : ceux qui meurent n'ont pas vécu en vain, ils ne s'effacent en eux-mêmes que pour revivre au corps de l'esprit éternel ; un appel, enfin : parcourant tout l'espace du sentiment, Chopin et Rachmaninov nous engagent à aimer la vie à l'excès dans autrui ; à nous mettre en quête d'un salut, s'il en est un ; à faire de nous-mêmes des êtres neufs, qu'un nouvel amour perpétue. Et puis la mort, nul ne l'ignore, est au cœur de la vie. Il n'y a que l'amour pour permettre à la conscience de s'en emparer et, après en avoir souffert, de s'en délivrer.

Cette « réflexion » à quoi vous tenez tant, ce jeu de miroirs, l'appliquez-vous à votre vie, à vos différentes activités qui semblent a priori si paradoxales, si éloignées les unes des autres ?

On me demande souvent pourquoi j'ai créé un centre pour les loups, pourquoi je me bats aujourd'hui pour la cause écologique, pourquoi j'ai voulu faire un concert autour du thème de l'eau et y inviter, comme pour une installation, le travail photographique de Mat Hennek, pourquoi j'écris, comme si cette imbrication était saugrenue. Certains ont trouvé que ma fondation pour les loups et mon intérêt pour les chevaux mustangs n'ont aucun rapport avec mon travail d'artiste, ou que mes livres n'ont aucun rapport avec ma recherche musicale et que je courais le risque qu'ils m'en éloignent. On me présente aussi comme éthologue. Mais ce mot est loin de rendre compte de mes activités au Wolf Conservation Center, un centre éducatif que j'ai créé et que j'ai animé dès 1999 avec des bénévoles puis, au fil du temps, avec des professionnels : il y a du spécialiste au témoin un espace que seule la passion est susceptible de remplir.

Je ne suis pas spécialiste des loups – y a-t-il des spécialistes de l'homme ? –, sinon par l'amour que je leur porte et le fait que j'aide à les défendre. Le spécialiste a barre sur ce qu'il étudie ; de mon côté, sans jamais rien sacrifier de la rigueur d'une démarche que je veux aussi scientifique, je dois reconnaître que je suis d'abord hantée par l'esprit de ces animaux aussi somptueux qu'indispensables à la survie de l'écosystème. Musicienne travaillant à la sauvegarde des loups, à celle des mustangs et, à travers eux, à celle de la nature – en particulier auprès des plus jeunes –, je ne fais aucune distinction entre mes différentes activités : toutes partent du sentiment que la vie doit être préservée et exaltée, *envers et contre tout*. Tous ces combats, que je place sur la même ligne, résultent de la même essence : celle qui me constitue. Toutes mes activités sont unies – y compris l'écriture. Je ne fais pas de différence. C'est à chaque fois la possibilité de dire la même chose selon des nuances précises. Cette chose, me direz-vous, c'est la passion d'exister, la volonté de créer une féerie, de se donner un univers plus beau et plus puissant que le malheur passager. Ou encore, de donner l'envie, sinon de le rendre plus beau, du moins de le préserver, de le sauver tel quel. J'en ai eu la confirmation lorsque j'ai travaillé le *Deuxième concerto* de Brahms, un morceau très difficile à interpréter, qui met en œuvre une haute technique et un toucher de la plus extrême délicatesse, parce que Brahms, dans ce concerto, exprime toute sa vision du monde. Cette vision ? Une appréhension inquiète du futur et la proposition, pour y répondre, d'un retour à la beauté, à l'amour et aussi à l'amour de la beauté au travers d'une exaltation de la nature. Il y a cette idée de nos liens intimes avec la terre où nous sommes nés, et du caractère sacré de cette terre. Il y surtout cette idée que tout est lié, par des liens invisibles, l'art, l'homme, la nature, et que c'est dans l'harmonie de cet équilibre entre les trois que notre bonheur peut se trouver.

Y a-t-il quelque chose de spécifiquement féminin dans la façon de jouer du piano ?

Si je pense à des pianistes, liste non exhaustive, comme, au hasard, Alicia de Larrocha, Rosita Renard, Rosalyn

Tureck, Yvonne Lefébure, Tatiana Nikolaïeva, Brigitte Engerer, Elisabeth Leonskaja, Catherine Collard, Magda Tagliaferro ou Marcelle Meyer, et bien entendu Myra Hess ou Wanda Landowska, nul doute que ce sont de plus grands génies que nombre de pianistes mâles, peut-être aussi parce qu'elles ont eu à se battre contre un préjugé ! Je n'oublie pas qu'au Conservatoire, j'ai été amie avec Marie-Josèphe Jude.

Et dans votre cas ?

Il y a, en tout cas, quelque chose de spécifiquement personnel. Et puisque je suis une femme, cette composante entre sans aucun doute en ligne de compte dans mon jeu. Un jour, d'adolescente qui court avec les chevaux, puis avec les loups, je me suis métamorphosée en femme. Et j'ai commencé à prendre conscience de la puissance que m'a donnée mon sexe pour rendre à la musique son pouvoir de guérisseuse du corps, des âmes et du monde. Si je devais composer mon épitaphe, j'écrirais : « Ni sorcière ni fée, mais les deux à part entière. » Sorcière pour l'intuition profonde que j'ai du monde animal et du monde végétal et que j'ai appris à développer. Une sorte d'instinct même, une complicité innée. Je me rappelle, enfant, avoir tailladé le tronc d'un chêne pour mêler à sa sève le sang de mon poignet. Et parfois, quand je marche dans la forêt avec mes chiens, j'ai l'impression que les arbres s'en souviennent, qu'ils ont en mémoire ce pacte fraternel. Je leur dis souvent ma gratitude. Je les enlace et je demande à leur force de me pénétrer. Fée aussi : par le pouvoir de la musique, quand je vis ces états de grâce qui adviennent parfois, en scène. J'ai également, ce qui est peut-être un caractère féminin, une tendance à jouer très longtemps certaines œuvres seule, chez moi, avant d'envisager de les enregistrer – quelque chose de l'ordre de l'apprivoisement, d'une approche... à pas de loup. Ainsi, les œuvres de Jean-Sébastien Bach. Il ne me déplairait pas qu'on dise que je joue Bach de façon féminine si ce point de vue embrassait la nature de l'amour qui était celui de Bach, maternel dans sa préférence d'autrui à lui-même. Bach aimait de tout son être, de la manière la plus charnelle, la plus incarnée qui fût, qu'il donne à jamais à entendre, jusqu'à nous, quelque chose qui s'apparente à la révélation de la vie, au travers de l'effacement de son nom, comme une femme avec son enfant, ce qui explique son universalité : comme si sa musique était la conscience de la musique elle-même, son assurance et sa promesse. Nul peut-être – Shakespeare excepté – n'a su transformer comme lui chaque atome de l'univers, chaque éclat du monde, en une émotion aussi profonde et aussi intime. Bach est ce compositeur qui unit, dans leur vérité, la tendresse plénière de la prière et l'écho solitaire du divin. Tour à tour, il saisit l'espace et il en fait une courbe infinie ; il prend le temps et il en fait une possibilité d'avenir ; il s'empare d'une danse et ce sont des fiançailles que l'on célèbre. Nous qui voyons si mal, il nous rend à la vision. À croire qu'avec Bach il n'y a pas de limite, il nous enjoint à le retrouver de plain-pied, dans cette pratique de l'amour qui tient à l'obligation pour les vivants d'agrandir leur vie et de la ramener au foyer du cœur.

Aujourd'hui, l'urgence de l'heure n'est plus aux controverses. Bach, on se tromperait à vouloir n'en faire qu'un homme de son temps, témoignant pour celui-ci – car Bach est toujours *à venir*. Dès son vivant, il échappa à ses contemporains, qui virent en lui un reliquat du passé, non un prophète pour tous les temps et tous les hommes. Quoi de plus naturel de le retrouver à la source de Liszt, de Busoni ou de Rachmaninov ? Bach fut telle une île au milieu du fleuve ; amarrée à contre-courant, il s'est senti alimenté du côté de l'origine et entraîné du côté de l'espérance. Entre ces deux bornes, un chemin symbolique qui est la signature de toute existence. Bach ne connut aucun écartèlement. Il sut construire des ponts. Il nous montre en un éclair qui a la clarté de la transparence comment réconcilier la douleur des jours et l'éclatement de la lumière.

Cette parenthèse sur Bach fermée, et pour revenir à votre question, y a-t-il quelque chose de spécifiquement féminin dans ma manière de jouer ? Il faudrait que je sois capable de dire très précisément ce qui, dans ma vie, a ciselé ma nature. Est-ce mon sexe ? mes voyages ? mes concerts ? mes rencontres ? mes lectures ? Qu'est-ce qui m'a modelée femme ? Je ne sais. Mais j'avoue être heureuse que le hasard m'ait fait naître avec ce sexe. Et je suis heureuse d'en parler, particulièrement aujourd'hui, où on ne laisse s'exprimer le féminin que sur un mode de revendication, souvent violent. Il est parfois difficile de livrer sa note tant on somme les artistes de prendre des positions radicales. Pour autant, je refuse d'être enfermée dans la catégorie du féminin – dans aucune autre d'ailleurs. Je suis femme, mais aussi musicienne, mais aussi écrivain, mais encore éthologue, mais autant écologiste. Bref, une personne à part entière, non un organisme dont on extrairait telle ou telle substance. « Oublions que je suis une femme et parlons musique », rétorquait Nadia Boulanger, qui s'agaçait que les journalistes débutent leurs questions sur ce thème. Ce qui est important dans l'exécution d'une œuvre n'est jamais la personnalité de l'artiste, sinon sa puissance à ouvrir l'âme de l'auditeur – ouvre-t-il sa part féminine, sa part masculine, sa part mystique, sa violence ou sa douceur ? Les possibilités sont infinies et l'effet de l'écoute différent sur chacun, et l'on se moque bien, alors, que l'interprète soit une femme ou un homme.

Vous ne pouvez pas nier qu'on a passé sous silence beaucoup d'œuvres parce qu'elles étaient composées par des femmes ? Comment les sortir du placard où elles ont été enfermées, et soigneusement mises sous clé, sans leur consacrer un domaine particulier ?

On ne peut réparer un sectarisme en en perpétuant un autre ! Je me suis intéressée à ces compositrices, et à leurs œuvres. J'espère qu'elles seront divulguées et étudiées dans les conservatoires de musique du monde entier, et jouées par les orchestres, surtout si ces œuvres sont remarquables. On a d'ores et déjà répertorié les œuvres de quelque sept cent soixante-dix compositrices, depuis Hildegarde de Bingen, au XIIe siècle, et Francesca Caccini, au XVIIe siècle, à Camille Pépin ou à la Finlandaise Kaija Saariaho, nos contemporaines, et qui recouvrent une soixantaine de personnalités. Francesca Caccini a été la première femme à avoir composé un opéra, Barbara Strozzi a été l'une des premières compositrices professionnelles. On ne présente plus la Française Élisabeth Jacquet de la Guerre, étoile de Versailles sous le règne de Louis XIV, ou la marquise Hélène de Montgeroult, qui selon la légende aurait sauvé sa tête de l'échafaud en improvisant sur *La Marseillaise* devant le tribunal révolutionnaire. J'ai été très impressionnée, lorsque j'ai consulté cette liste, par le nombre de compositrices anglaises. Je suis très reconnaissante à la claveciniste Claire

Bodin d'avoir inventé une plate-forme, qu'elle a appelée « Demandez à Clara », en référence à Clara Schumann bien sûr, où l'on peut trouver cette liste, assortie de la biographie de chacune des musiciennes. Claire Bodin a lancé un festival, « Présences féminines », pour exhumer leurs œuvres des rayons poussiéreux des bibliothèques. Or, on s'en doute, une musique qui n'est pas jouée n'existe pas.

Avez-vous joué l'une d'elles ?

Tout à fait. Dans mon disque *Réflexions*, j'ai choisi trois lieder de Clara Schumann, chantés par Anne Sofie von Otter, dont la voix convenait idéalement au personnage de Clara Schumann. Le phrasé d'Anne Sofie von Otter est aristocratique sans être hautain : il se situe d'emblée à une certaine hauteur et correspond aux mélodies qu'elle chante ; elle cisèle les mots à la perfection, sans diluer leur sens dans un trop-plein de maniérisme ; son souffle est égal ; elle maîtrise les effets qu'elle calcule avec science, ses nuances sont choisies, ses couleurs sont subtiles et la ligne de chant qu'elle s'impose ne cesse jamais d'être lumineuse. C'est une grande chanteuse, douée d'une conscience artistique peu commune et de résultats artistiques éblouissants.

Vous définiriez-vous comme féministe ?

Bien évidemment, je m'inscris dans la défense d'une égalité des droits – et des devoirs – des femmes avec ceux des hommes. Égalité de traitement, de considération, et *égale indifférence* à l'égard de leur sexe. Je suis reconnaissante à toutes les « féministes » qui se sont battues dans l'Histoire pour me permettre, aujourd'hui, de vivre comme je l'entends, sans supporter l'opprobre ou, pire, sans être brûlée vive – et nul doute que je l'aurais été pour mon esprit rebelle, mon indépendance, et que dire de mon commerce avec les loups et avec le monde naturel ? Mais si je tiens à ce droit à la différence – choisir mon destin et mon mode de vie –, je tiens tout autant à un droit à l'indifférence. C'est en son nom que je demande qu'on cesse enfin de juger le travail des femmes sur ce critère comme on le fait trop souvent aujourd'hui, et je dirais même : de plus en plus souvent, comme s'il ne s'agissait plus que du seul critère d'importance pour évaluer l'œuvre. Il y a quelques années, j'ai été enrôlée par Amnesty International pour militer sur la question terrible des femmes battues, et pour une fois, j'ai accepté de m'engager dans une action commune. Je l'ai fait parce qu'il est indéniable et révoltant que, dans le monde entier, les femmes continuent de subir une oppression de la part des hommes, des violences physiques et morales, et des discriminations de toutes sortes. Les enfants les plus faibles sont aussi victimes des brutes. J'émets toutefois des doutes sur l'efficacité des ségrégations volontaires et sur le fait qu'on demande aux femmes de s'exprimer en priorité sur le critère de leur appartenance à leur sexe. N'est-ce pas, dès lors, reconnaître que leur production artistique – cinématographique par exemple – est un genre à part ? Pour ne pas dire un sous-genre ? Jane Campion est-elle un grand réalisateur, oui ou non ? Je souris toujours lorsqu'on soumet des enregistrements d'une même pièce de piano à l'aveugle à plusieurs critiques. Je n'en ai jamais entendu aucun deviner si le pianiste était un homme ou une femme, et fort heureusement – ce qui importait dans leur exercice était d'établir une préférence entre les morceaux choisis. C'est parce que je suis pour une égalité de traitement des femmes et des hommes que je m'insurge contre ce procédé, à mes yeux, stérile, pernicieux et liberticide.

Alors féministe, oui bien sûr lorsque j'assiste à cette inégalité de traitement qui trahit, chez beaucoup, une condescendance et un sentiment de supériorité bien ancrés. J'en veux pour preuve l'usage du prénom. Avez-vous remarqué, dans les articles de journaux, le recours presque systématique au prénom lorsque la personnalité qu'on évoque est une femme ? Jamais lorsque c'est un homme ? Vous trouvez Martha pour désigner Argerich. Lisez-vous Ivo pour Pogorelich ou Alfred pour Brendel ? C'est une petite liberté, une familiarité qui en dit long sur l'inégalité d'estime, parfois inconsciente, accordée aux artistes selon qu'ils sont des hommes ou des femmes. Certes, la différence de traitement a des racines très profondes. Prenons l'exemple de Clara Schumann, virtuose exceptionnelle et compositeur prometteur. Pourquoi a-t-elle un jour cessé toute activité créatrice ? Et Alma Mahler ? Pourquoi s'est-elle dissoute dans l'ombre de son mari ? Pourquoi Fanny Mendelssohn, brimée par son père puis par son frère Félix, s'est-elle interdit de composer ? Les exemples sont légion. Pourquoi ces femmes de caractère ont-elles accepté de s'effacer ? Pour moi, j'ai une réponse : les hommes savent que dans les matières où ils ont instauré, de tout temps, à l'exception de notre époque, une position de monopole, ils peuvent être surpassés par certaines femmes. Pas toutes – les génies sont rares, chez les deux sexes. Et dès lors, ces femmes peuvent leur échapper. Échapper à leur domination, à leurs contraintes, voire inspirer d'autres femmes en donnant le « mauvais » exemple.

Aussi ne leur permettent-ils pas de s'exprimer. Les plus remarquables ont agi ainsi : Mahler ou Mendelssohn. Rimbaud déjà le soulignait : « Quand sera brisé l'infini servage de la femme, quand elle vivra pour elle et par elle, l'homme, jusqu'ici abominable, lui ayant donné son renvoi, elle sera poète, elle aussi. La femme trouvera de l'inconnu. »

Vous savez que la musicologue Viviane Waschbüsch, également compositrice et violoniste, a écrit une étude sur les regards que vous avez suscités. Elle a été publiée dans un ouvrage intitulé La musique a-t-elle un genre ? *paru sous la direction de Mélanie Traversier et Alban Ramaut aux Éditions de la Sorbonne. Dans son texte, elle montre comment les médias ont souvent présenté une image déformée de vous.*

Oui, sans aucun doute, et il faut savoir passer outre. C'est une vieille histoire, dira-t-on. N'est-ce pas déjà Maurice Blanchot qui écrivait au sujet du chant des sirènes dont nous entretient la légende d'Ulysse : « Il y a toujours eu chez les hommes un effort peu noble pour discréditer les sirènes en les accusant platement de mensonge : menteuses quand elles chantaient, trompeuses quand elles soupiraient, fictives quand on les touchait ; en tout, inexistantes, d'une inexistence puérile que le bon sens d'Ulysse suffit à exterminer » ? Plus loin, il les décrit : « … de belles filles réelles, et dignes de leur promesse, capables donc de disparaître dans la vérité et la profondeur de leur chant ». Il importe de persévérer dans la singularité de son être et de faire confiance aux ressources de nos puissances.

Je cite un texte de vous : « Pourquoi joue-t-on ? Pourquoi écrit-on ? Pourquoi se bat-on ? Pour s'adresser au plus grand nombre ? Je ne le crois pas. C'est plutôt le contraire : pour toucher ceux qui comme toi, comme moi sont animés par une faim, une soif, que rien ne peut contenir. L'art, en général, ne se distingue pas de la faim ni de la soif – il désigne un besoin vital, une nécessité urgente : il est le lieu où nous pouvons renaître. C'est assez dire que, si nous vivons sans art, sans les occasions multiples ni les joies secrètes qu'il procure – pour ne rien dire des périls qu'il nous fait courir –, nous nous condamnons à vivre à côté de nous-mêmes. Il nous manque alors l'essentiel qui tient à cette autre vie : en fait, notre vie intérieure, notre citadelle intime contre laquelle personne ne peut rien. » Ce texte ne dit-il pas aussi ce qui fonde votre spécificité féminine, cette volonté de jeter des ponts… ?

Sans doute. Les femmes sont placées plus naturellement que les hommes dans un état de confidence qu'on peut qualifier d'*absolu* : de là qu'elles sont si souvent leurs victimes – le philosophe René Girard a magnifiquement résumé cette situation : « Ce que nous autres, hommes, avons tous hérité d'Adam, c'est non seulement son désir, mais le goût pervers d'en rejeter la faute sur la femme, de faire de notre compagne une victime émissaire » – et, en même temps, la porte de leur salut. Un penseur important, Paul Evdokimov, a écrit ceci : « L'homme guerrier et technicien déshumanise le monde, la femme orante l'humanise en tant que mère qui veille sur toute forme humaine comme sur son propre enfant. Aujourd'hui, face à la tragédie du Tiers Monde, face au matérialisme vécu, à la pornographie, à la drogue, face à tous les éléments de décomposition, c'est la femme qui est prédestinée à dire *Non !*, à arrêter l'homme au bord de l'abîme, à lui montrer sa vraie vocation. » Pour ce que j'en vois, partout à travers le monde, les femmes intercèdent pour les hommes, par l'amour qu'elles leur portent et qui ne les éloigne pas de la vie ; au contraire, leur amour les en rapproche. Elles sont les grandes médiatrices : leur mission est là, et non de se modeler sur la copie du pire de la « masculinité ». Les femmes font le monde et tissent le lien entre lui et les hommes. Sans ce lien, ce ne sera même pas l'alternative « s'adapter ou mourir », ce sera la prophétie de l'Apocalypse : « En ces jours-là, les hommes chercheront la mort et ils ne la trouveront pas ; ils désireront mourir, et la mort fuira loin d'eux. »

L'écoféminisme

Que pensez-vous du féminisme tel qu'il se manifeste aujourd'hui ?

Quoique je m'intéresse à la question, je ne suis pas une historienne de ce mouvement. Je le répète : je sais gré aux femmes qui m'ont précédée dans l'histoire de s'être battues pour mettre fin à toutes les formes et à tous les excès du patriarcat. Je sais aussi que le mot féminisme englobe différents mouvements, qui ont épousé les contraintes et les enjeux que chaque époque leur soumettait. Néanmoins, une tendance politique apparue au milieu du siècle dernier me heurte et me semble constituer un basculement historique : la lutte des *classes* a été supplantée par la lutte des *sexes*, sous couvert, du moins dans un premier temps, d'égalité entre eux, pour aboutir, en toute logique, à une guerre de tous contre tous où chacun plaide, de fait, pour sa supériorité : les hommes *contre* les femmes, les femmes *contre* les hommes. Or rien ne m'enchante davantage que l'harmonie, en musique et entre les êtres. Cela dit, il y a un mouvement féministe qui appelle mon attention, qu'on nomme je crois l'écoféminisme. C'est une Française, l'écrivaine Françoise d'Eaubonne, qui lança l'appellation en 1974. Elle s'était alarmée des dommages que l'activité humaine infligeait à la nature, et la succession de catastrophes qui se sont succédé dans cette décennie et les quelques années qui ont suivi – Three Mile Island aux États-Unis, Seveso en Italie, Bhopal en Inde, Greenham Common en Angleterre – a braqué les projecteurs sur ses analyses. Elle est devenue particulièrement populaire dans les années 1980 et je me souviens de ma mère discutant du sujet avec des amies. La connexion étroite des questions écologiques et des questions féministes qu'elle a établie me semble tout à fait fondée et pertinente. S'y sont agrégés par la suite les mouvements pacifistes et je suis heureuse de voir que les femmes sont de plus en plus nombreuses à rejoindre leurs rangs. Les féministes écologistes ne bornent pas leur analyse des phénomènes qui touchent la planète aux seules questions de l'épuisement des ressources, de la disparition des espèces, de l'appauvrissement de la biodiversité. Elles élargissent le constat aux modes d'exploitation de la planète, à ce qu'elles appellent « le système mâle ». J'ai été très impressionnée par la finesse de beaucoup de leurs constatations. Et sans épouser leur radicalité et moins encore leurs excès, notamment dans la haine de certaines pour les « mâles », je ne peux que souscrire à ce qu'elles soulignent. Ainsi, elles ont présenté aux agriculteurs du monde entier les dernières études sur les techniques d'exploitation des sols – l'art de labourer la terre. Il a été prouvé que, pour obtenir une bonne récolte sans abîmer les sols ni compromettre ses richesses, il convient de procéder à un labour très superficiel. Eh bien, personne ne les a écoutées. Il y a ce besoin d'enfoncer profondément la herse pour labourer des couches qui devraient rester vierges – j'emploie le mot à bon escient : ce qu'ont mis en avant ces féministes, c'est un lien étroit entre l'oppression des femmes et celle de la nature, violées dans les deux cas. Ce mouvement assure, je cite, que la compréhension du « statut de ces liens est indispensable à toute tentative de saisir adéquatement l'oppression des femmes aussi bien que celle de la nature ». Les théoriciennes de ce mouvement considèrent qu'il existe des liens directs entre la violence patriarcale exercée contre les femmes et la violence des hommes exercée contre la nature et les peuples. Elles dénoncent les liens directs entre l'agression industrielle et militaire contre l'environnement et l'agression physique contre le corps des femmes. Certaines poussent leur raisonnement plus loin encore en établissant des liens entre la violence des guerres et des destructions environnementales et la violence du viol. Là encore, il existe dans ce féminisme des écoles d'un radicalisme extrême. Mais beaucoup de leurs théories m'intéressent, notamment celles qui élargissent ce point de vue à une dimension spirituelle et dès lors soulignent le rapport étroit du féminin avec la nature et le cosmos. Elles partent du principe que les femmes sont beaucoup plus enclines à protéger la nature, ne serait-ce que pour assurer l'avenir et le confort de leurs enfants. À leurs yeux, la lutte pour l'écologie ne peut passer que par la lutte pour le féminisme, et réciproquement. Elles lient les deux d'un ciment indissoluble tout en accordant la priorité au combat pour la planète. Elles jugent stérile d'enfermer le combat pour les femmes dans une sphère qui ne se rapporte qu'à elles-mêmes. Et il est indéniable que la violence contre les femmes n'est qu'un aspect de la violence dont l'homme – et la femme – sont les responsables, et qu'il faut prendre ce mal à la racine et lutter contre lui par d'autres moyens que la coercition, de la même façon que la prison n'éradique pas le crime.

Ce qui m'a intéressée dans ce mouvement, lorsque j'en ai entendu parler, c'est aussi sa politique d'alliance avec les femmes du tiers monde qui sont en général très réceptives aux questions de préservation de la planète. Elles vivent au plus près de la nature et sont les témoins de l'appauvrissement des ressources, des pollutions, des atteintes à la biodiversité, parce qu'elles ont les mains dans la terre, qu'elles cultivent. Parce qu'elles s'occupent aussi, avec les enfants, du bétail. Elles sont le conservatoire des semences, de la pureté de l'eau, les garantes de l'avenir.

Avez-vous eu l'occasion de rencontrer ces femmes ?

Lors de mon voyage au cœur des États-Unis que j'ai traversés en voiture, au moment de la pandémie, parce que la majorité des aéroports avaient fermé, j'ai rencontré une jeune femme, Rosie, une Cheyenne descendante d'une des rares rescapées du massacre de Sand Creek. Elle m'a invitée dans sa famille. Elle m'a parlé d'une femme pour qui elle avait la plus grande admiration et qui venait de mourir d'un cancer du sein contre lequel elle luttait debout, depuis des années. Elle m'a montré sa photographie. Une femme d'une soixantaine d'années, les cheveux tissés d'argent, souveraine et belle. Son regard était hautain, mais sans mépris ni condescendance. Elle aurait pu être la fille de Sitting Bull. Son nom véritable était Tamakawastewin. De son nom officiel, LaDonna Brave Bull Allard. Une Lakota. Entre eux, les gens de son peuple l'appelaient « la mère de l'eau ». Cette femme avait initié et pris la tête du mouvement de protestation contre la construction d'un oléoduc qui devait passer sur les terres des fermiers de l'Iowa et celles, ancestrales, des Indiens de sa tribu, détruire le cimetière et potentiellement polluer les nappes phréatiques de la réserve. Pendant tout son traitement médical et jusqu'à sa mort, elle n'avait pas capitulé malgré le harcèlement et les menaces qui avaient pesé sur elle. Mon amie m'avait projeté le film de ses interventions devant les tribus amérindiennes qu'elle avait appelées à la rescousse, sur le site, pour faire obstacle aux bulldozers. Elles étaient toutes venues, et certaines du Brésil, et avaient planté leurs tipis sur ces terres qui étaient les leurs depuis la nuit des temps. Des fermiers avaient rejoint les protestataires. Des intellectuels et des acteurs s'étaient enrôlés dans cette cause qui concernait tout le monde – une fuite de l'oléoduc et toutes les nappes phréatiques, sur des centaines de kilomètres, seraient contaminées. Elle avait convaincu des centaines de femmes avec son discours en leur rappelant que l'eau, c'était la femme, que grâce à l'eau, les femmes mettent les enfants au monde, nourrissent leur famille, et que les plantes, les animaux et les arbres peuvent grandir. Ma jeune amie était allée rejoindre cette population. Elle avait été transportée par l'atmosphère que LaDonna y avait créée. Le temps de résistance dans le village de tipis qui ne cessait de s'agrandir de jour en jour avait été une époque merveilleuse d'entente et de partages. Beaucoup de jeunes militants pour l'écologie étaient venus les rejoindre. Ils avaient voulu apprendre comment monter un tipi et y dormir, puis s'initier à l'art des « Natives » que ceux-ci pratiquent toujours, de vivre au plus près de la nature, sans électricité, dans le respect religieux des éléments – la terre, l'eau et le feu. Ma jeune amie m'a alors expliqué comment les Amérindiens n'avaient jamais cessé de transmettre à leurs enfants la science des plantes médicinales, l'art du feu, l'écoute du ciel. LaDonna leur avait parlé des quatre journées que les Indiens consacrent à l'eau chaque année, leurs ablutions, leurs bains, leurs cérémonies sacrées, et le jeûne auquel ils s'astreignent. Elle leur avait rappelé le principe de leur culture qui est de considérer la vie avec un respect sacré et la nature avec une immense gratitude, sans rien lui voler dont ils n'auraient pas expressément besoin, et en cherchant toujours comment lui rendre les dons qu'elle fait aux hommes. Bientôt, une grande partie de cette jeunesse américaine, de ces fermiers, de ces jeunes citadins s'étaient mis à appeler LaDonna « Mama ». Hélas, finalement, le Consortium Energy Transfer Partners a gagné la bataille. L'oléoduc a été récemment mis en service. Mais avec toute la force de la douceur, et celle d'une parole vraie, elle a converti des milliers de jeunes à engager un combat quotidien et enseigné qu'il commençait très humblement. LaDonna avait demandé très solennellement, après le démantèlement du village de tipis de Standing Rock, de continuer à monter la garde : « Chacun doit prendre cette décision : nettoyer l'environnement, nos rivières, nos criques, nos océans... Nous pouvons changer le monde étape par étape. Dans vingt ans, vous verrez que tout le monde sera "écolo", et que l'écologie fournit du travail, des richesses... et surtout, la vie. » LaDonna avait ouvert les yeux des « Natives » américains, du Nord et du Sud. Ils avaient pris l'engagement de sortir de leur réserve, sans jeu de mots, et compris que leur mode de vie et leur culture apportaient la seule réponse efficace, raisonnable et pacifique à la crise énergétique mondiale et, partant, au dramatique changement climatique. Enfin, ma jeune amie m'avait fait part d'un fait éminemment troublant. Il y avait très longtemps, un homme-médecine lakota avait fait une prophétie : un jour, un serpent noir surgirait sur leurs terres sacrées. Il serait le signe de la renaissance des Oceti Sakowin, le peuple sioux. Or le serpent noir, c'était le nom que les « Natives » avaient spontanément donné à l'oléoduc. Et cette « septième génération » qui, selon la prédiction du chaman, redonnerait vie à la nation sioux, c'était celle de mon amie.

Avez-vous été vous-même convaincue, pour ne pas dire convertie, par ces propos sur le nouveau rapport à instaurer avec la nature et la façon dont l'homme occupe la planète ?

J'ai d'abord été extrêmement troublée par cette rencontre. Par le hasard qui m'avait posée sur le chemin de cette jeune femme. Rencontre tellement improbable ! Jamais, sans l'épisode du confinement, je n'aurais dû croiser sa route. Autre hasard, cette jeune femme me parlait du combat pour l'eau mené par toute une population, alors que trois ans auparavant à peine, j'avais moi-même décidé d'élargir mon combat pour l'écologie à cet élément vital, pour dire la source d'inspiration qu'il avait été pour l'art et la musique. C'est pour cette raison – établir des correspondances, manifester le lien entre toutes choses, entre la nature et l'art – que j'ai enregistré sur le même disque, nommé *Water*, des compositions de Berio, Takemitsu, Fauré, Ravel, Albéniz, Liszt, Janáček et Debussy, toutes inspirées par l'eau. Tristesse aquatique chez Berio, pluie chez Takemitsu, eau dansante chez Fauré et Ravel, vagues sensuelles chez Albéniz, brumes chez Janáček, jaillissement épicurien chez Liszt et gravité avec *La Cathédrale engloutie* de Debussy. Ce sont des musiques aquatiques par le timbre, les arpèges, l'impression d'ondulation, de mouvement permanent…

Mais la dimension poétique va au-delà. Torrents, nuages, brumes : c'est une épiphanie de l'eau dans tous ses états. Dans la vie comme dans la musique, l'eau est un élément rédempteur, de guérison et de survie, qui possède quelque chose de profondément spirituel. Entre ces compositions, j'ai inséré des morceaux du compositeur britannique Nitin Sawhney, un pionnier de la scène underground électronique. Je l'ai fait pour souligner la fluidité de la musique, l'irrigation d'une école à l'autre, d'un genre à l'autre, et pour montrer qu'il n'est pas toujours judicieux d'enfermer la musique dans un bocal étanche. À l'heure des échanges internationaux, des mélanges culinaires, des mixités sociales et raciales si bénéfiques à la compréhension des autres, la culture et ses expressions devraient-elles, a contrario, se spécialiser à l'extrême, au risque de se scléroser ? L'eau, si menacée dans sa pureté, dans son abondance comme dans sa répartition dans le monde, me semble avoir peu d'aussi bons défenseurs que les musiciens, par la beauté avec laquelle ils nous la font entendre, mais encore regarder. Écouter la musique, c'est aussi écouter la nature. Voilà pourquoi j'ai été troublée par cette coïncidence entre le message de *Water* et la lutte de LaDonna.

Aujourd'hui, plus de 660 millions de personnes dans le monde peinent à s'approvisionner chaque jour en eau potable. L'eau impure provoque la mort d'un enfant toutes les quatre-vingt-dix secondes. Sans oublier la pollution industrielle. C'est la crise humanitaire la plus pressante de notre siècle. Aussi, pour répondre à votre question, oui, j'ai été convaincue du bien-fondé du combat de cette Amérindienne bien avant d'en entendre parler. Je m'en suis même voulu d'avoir manqué cet épisode – l'occupation de Standing Rock. Et j'espère de tout cœur que la prédiction du chaman lakota, qu'a évoquée mon amie cheyenne, se réalisera.

Avant cette rencontre, aviez-vous approché les Amérindiens ? Vous nous avez dit que vous vous intéressiez-vous aux chamans, à leur rapport avec les éléments.

J'ai éprouvé un véritable coup de foudre pour le monde des « Natives » le jour où j'ai découvert les albums d'un photographe, Edward Curtis. Et je ne peux pas oublier la première fois que j'eus tout le loisir de le faire, dans les salles ouatées de la bibliothèque Morgan, sur Madison Avenue. J'avais eu le privilège de cette consultation après mon départ de Tallahassee, alors que je m'étais installée à New York et que je rêvais de retrouver Alawa. J'étais entrée dans ce vaste immeuble, qui ressemble à l'un de ces châteaux gothiques qu'on admire encore dans la campagne anglaise. La bibliothèque est vertigineuse, haute comme une cathédrale. Je revois les énormes tomes reliés en cuir rouge rehaussé d'or et me rappelle l'émotion qui m'a étreinte au fur et à mesure que, page après page, défilaient ces portraits, certains posés devant de grands draps tendus, d'autres sur le vif, et l'on sentait, dans la dissolution de l'horizon en arrière-plan, l'immensité, le vide, les plaines illimitées propres à l'espace américain. Le regard aigu des modèles visait le lointain, le plus lointain : ce que cet appareil devant lequel ils avaient accepté de poser présageait de leur futur, de leur survie. J'avais contemplé ces clichés avec la sensation du passage d'un abîme à un autre abîme. Ces visages impérieusement présents m'avaient placée sur le seuil d'un autre monde, doté d'autres soleils, et, oui, je m'étais alors dit que l'Éden avait dû singulièrement ressembler à ces espaces ; et Adam et Ève, s'ils avaient dû couvrir leur corps, à ces silhouettes un peu engoncées dans leurs habits de peau brodés et rehaussés de perles, de plumes et de coquillages.

Après ma découverte des clichés de Curtis, j'avais cherché à connaître la vie de ce photographe minutieux et enthousiaste, qui avait su faire éclater dans ses images toute l'affection, tout le respect, la tendresse même qu'il éprouvait pour les Indiens. Ceux-ci les lui avaient bien rendus, qui avaient rapidement compris que sous la vague cruelle et inexorable, chaque jour plus haute, de l'arrivée de nouveaux colons, leur culture essentiellement orale – ou bien à peine écrite en idéogrammes sur de fragiles et périssables écorces de bouleau – trouvait une chance d'être retenue, fixée et reconnue grâce au travail photographique de Curtis. La possibilité d'exister encore quand eux-mêmes auraient disparu, comme le souhaitaient leurs envahisseurs et avec eux, Roosevelt, leur président. « Il devint un Indien. Il vécut, il parla indien ; il fut une sorte de Grand Frère blanc. Il passa les meilleures années de sa vie, comme les renégats d'autrefois, parmi les Indiens », avait écrit un journaliste sur Edward Curtis et, le lisant, je m'étais fait la réflexion que j'aimerais qu'on dise la même chose, un jour, me concernant : « Elle devint une musique (ou un loup). Elle vécut, elle parla musique ; elle fut une sorte de Grande Sœur humaine (ou loup). »

J'avais été subjuguée par sa vie – celle d'un aventurier brûlé par sa passion et qui avait trouvé un sens, une cause à son art. Son premier appareil photographique, Edward Curtis l'avait fabriqué à l'âge de douze ans et il fit des pieds et des mains pour entrer comme apprenti chez un photographe de St. Paul. Lorsque sa famille décida de s'installer dans le Grand Nord et le Grand Ouest, à Seattle, il décida d'ouvrir son premier atelier photographique. Son travail était si soigné, si parfait, sa connaissance de la technique de prises de vue tellement infaillible, que lorsque Edward Henry Harriman, célèbre milliardaire, constructeur de lignes de chemin de fer, décida d'engager une équipe de scientifiques pour aller explorer les côtes du Pacifique, depuis Seattle jusqu'aux confins de l'Alaska, il demanda à Curtis de fermer sa boutique pour faire partie de l'expédition. Sans doute les nombreux vagabondages d'Edward Curtis à la suite de son prédicateur de père, lorsque celui-ci partait dire la bonne parole dans les contrées inexplorées à dos de mule, à pied ou en canoë, manquaient à l'adulte qu'il était devenu. Il accepta sans hésiter. Ce voyage lui révéla sa vocation – l'ethnologie. Fasciné par la culture et la vie des Indiens qu'il avait rencontrés lors de cette équipée, il décida d'étudier la vie et les mœurs d'autres tribus. Ce furent, dans un premier temps, les Indiens des Plaines – ces tribus des grands prés plats et herbeux que j'allais moi-même bientôt traverser –, des nomades qui, dans les années 1880, tentaient de continuer à vivre de la chasse aux bisons.

Pour appliquer à ses prises de vue et de son une méthode tout à fait scientifique, Curtis entraîna dans ses pérégrinations un anthropologue. De ce jour, il ne cessa plus de tenter de fixer ce qu'il subsistait des coutumes, des fêtes, de l'habitat, des modes vestimentaires des Sioux et des Cheyennes, des Comanches et des Apaches, et de toutes les autres tribus dont il notait aussi les attachements au cosmos qui les entourait, leurs relations avec l'esprit des éléments, les danses et les cérémonies. Le milliardaire new-yorkais John Pierpont Morgan, parce qu'il avait été ébloui par ses premiers clichés, finança sans retenue cette mission qui fut bientôt soutenue par le président Roosevelt. Ce fut encore

Morgan qui prit en charge l'édition des vingt volumes regroupant les travaux de Curtis. Parmi les cinquante mille photographies qu'il avait saisies pendant toutes ces années, on retint deux mille cinq cents clichés à peine pour l'édition de *The North American Indian*.

Qu'est-ce que vous ont appris ces œuvres photographiques ?

Elles ont excité ma curiosité pour cette culture dont je me sentais, intuitivement, si proche. Je caressais déjà le projet d'ouvrir un centre pour y recueillir les loups et pour les réintroduire à la vie sauvage dans le cadre du programme SSP (Species Survival Plan). On n'échappe pas aux clichés, ni aux associations d'idées. J'associais les loups à Jack London, à *Croc-Blanc*, au Grand Nord, mais aussi, bien sûr, à ces populations, qui avaient si bien su s'y adapter. Longtemps, on a considéré ce peuple comme inférieur et imaginé qu'il laissait aux femmes un rôle plus inférieur encore. J'ai appris combien on se trompait. J'ai découvert, alors que je m'intéressais plus en profondeur au travail d'Edward Curtis, que dans les années 1880 l'ethnologue américaine Alice Fletcher, par ailleurs suffragette, avait révélé aux Américains de fraîche date que les femmes sioux avaient le droit de divorcer, qu'elles étaient propriétaires de leurs terres, qu'elles votaient au conseil tribal et contrôlaient leur fécondité – autant de droits inconnus des Américaines. Peut-être est-ce la raison pour laquelle les femmes amérindiennes ont été l'objet chez les colonisateurs, coureurs des bois et chercheurs d'or, prédicateurs et mormons sectaires, de tant de mépris. On les avait appelées des « squaws ». Or ce terme désignait un être humain de deuxième catégorie, il équivaut au mot « putain ». C'est dire toute l'estime que le monde blanc avait pour les femmes indiennes. C'est dire le racisme et la misogynie d'un terme tout aussi méprisant et avilissant que « *nigger* » ou « négresse ».

Et pourtant ce furent bien elles, hier comme aujourd'hui, qui ont su entretenir sans relâche le foyer du Grand Esprit des Amérindiens, car elles ont été et restent celles qui transmettent les préceptes du chamanisme et leurs liturgies. « La religion sioux est la seule au monde enseignée par une femme et destinée aux hommes », avait souligné le chef lakota Archie Fire Lame Deer lorsqu'il avait rencontré le pape et le Dalaï Lama. Car dans les légendes de ce peuple, c'est la Femme Bison sioux qui a appris au peuple sioux comment prier. Elle lui a enseigné le chant et ses modulations précieuses pour s'allier au concert des oiseaux et des arbres. Elle lui a appris comment remplir le calumet et les gestes sacrés qui projettent vers le ciel sa fumée purificatrice porteuse de paix, et cela jusqu'aux tréfonds de la terre et loin vers les quatre points cardinaux. La Femme Bison sioux, mère spirituelle, avait dit à son peuple en invoquant Wakan Tanka, l'Esprit du grand mystère : « Avec cette pipe sacrée, vous irez telle une prière vivante. Avec vos pieds posés sur la terre et le tuyau de la pipe qui atteint le ciel, votre corps forme un pont vivant entre le Monde-Sacré-du-Dessous et le Monde-Sacré-du-Dessus. Wakan Tanka nous sourit parce que désormais nous sommes un : la terre, le ciel, tous les êtres vivants, ceux qui ont deux pattes, ceux qui ont quatre pattes, ceux qui ont des ailes, et les arbres, et les plantes. Tous sont liés aux hommes et forment une même famille. C'est la pipe qui est ce lien. »

Ces femmes ont fait comprendre autour d'elle, comme venait de le faire LaDonna, qu'il n'y a pas d'amour sans écologie. Elles ont diffusé le cœur de leur croyance : tout ce qui court, vole, respire, pousse, mais aussi l'air, la pierre, l'eau et le vent possèdent un esprit immortel. Il y a une parcelle de sacré en chaque chose et, au fond, tout est Un. Tous les êtres sont liés.

La résistance des femmes amérindiennes, non plus armée mais intellectuelle, culturelle, mémorielle, a permis que leur peuple ne soit pas totalement broyé sous le poids du monde moderne. Aux siècles derniers, elles étaient initiatrices spirituelles, chamanes, négociatrices ou guérisseuses. Bien plus libres et respectées que leurs homologues européennes, elles jouaient un rôle primordial au sein des tribus et jouissaient d'autant de droits que les hommes, si bien qu'elles influencèrent même à la fin du XIXe siècle le mouvement des suffragettes américaines qui étaient venues, alertées par des Alice Fletcher, étudier leur mode de vie et leur organisation sociale. Ainsi, elles avaient pu rencontrer, à quelques kilomètres de Lincoln, dans la ville d'Omaha où elle avait vu le jour au mitan du XIXe siècle, une jeune Amérindienne qui avait étudié la médecine, passé ses diplômes, réussi ses examens, puis qui était revenue exercer son art dans la réserve de sa tribu, enrichissant sa science des acquis de sa culture. Elle s'appelait Susan La Flesche Picotte. Il y avait eu aussi, au Dakota, plus au nord, Zitkala-Sa – ce qui signifie « l'Oiseau rouge –, que l'institution qui l'avait recueillie avait rebaptisée, comme la loi l'y obligeait, Gertrude Simmons Bonnin. Elle avait composé le premier opéra amérindien, *La Danse du soleil*, après avoir appris à jouer du violon. Puis elle s'était attelée à un autre grand œuvre : collecter les légendes de sa tribu, se battre pour les siens, jeter une pleine lumière sur les injustices qui leur étaient perpétuellement faites. Et comment oublier Pocahontas, ou encore la Malinche et

Sacagawea, moins célèbres mais pourtant indissociables des grands épisodes de l'histoire de la nation américaine ? « Si l'on ne s'intéresse pas aux Indiens, on ne comprend rien à l'Amérique », avait averti William Faulkner. Aujourd'hui, elles s'appellent LaDonna bien sûr, Elizabeth Cook-Lynn, Janet McCloud – « Yet-Sit-Blue » de son nom indien, qui signifie « la Femme qui parle » –, Luci Tapahonso ou Susan Power. Elles sont romancières, artistes, porte-parole de leur peuple ou avocates des droits civiques et écologiques. Qu'elles soient cent pour cent indiennes ou sang-mêlé, elles sont toujours aux premières loges du combat contre l'oubli, et pour la sauvegarde de la planète et de l'écosystème. Je me passionne pour leur histoire parce que l'histoire des Indiens d'Amérique appartient aux grands mythes de l'humanité, parce que leur spiritualité, leur vision du monde et du cosmos sont aujourd'hui les seuls gages pour un avenir meilleur et que là où l'on veut les écraser, c'est un sursaut écologique qu'on écrase, et enfin, comme le dit le proverbe cheyenne, parce qu'« une nation reste insoumise tant que le cœur de ses femmes n'est pas terrassé ».

On est frappé que, pianiste, vous ayez été à plusieurs reprises confrontée à l'histoire se faisant, dans sa dimension la plus politique. Je pense par exemple au concert que vous avez donné le soir du 11 septembre 2001 aux Proms avec Christoph Eschenbach et l'Orchestre de Paris.

Je garde un souvenir effroyablement précis et physique de ce que nous faisions à la minute où nous avons découvert ce qui s'était passé à New York. J'étais à Londres. J'étais rentrée à l'hôtel après une séance de travail au Royal Albert Hall, demandant que personne ne me dérange. Soudain la télévision s'est allumée, sans le son. J'ai vu ces images d'horreur et je me suis demandé si c'était un film ou la réalité. Ce n'est qu'en écoutant le message laissé à la réception à tous les clients que j'ai compris ce qui avait eu lieu. Une heure plus tard, nous nous sommes retrouvés. Fallait-il jouer le soir même ? La question se posait autant pour la sécurité des spectateurs que pour des raisons de décence. Les organisateurs des Proms et la direction de l'orchestre ont alors pris la décision que nous réclamions, malgré la difficulté à rester l'esprit serein : nous jouerions. À ma surprise, la salle était bondée, personne n'avait renoncé. Et le public nous a portés. Jamais je n'aurais cru possible de jouer l'œuvre de Beethoven aussi… rendue à sa nécessité vitale. C'était comme si nous nous épaulions les uns les autres. J'ai alors saisi comme jamais ce qu'est un ensemble et le pouvoir attaché à une douleur qui cherche sa consolation et trouve son rythme, malgré les dissonances qu'offre la vie.

Dans une tonalité différente, cette expérience s'est répétée en 2015 lorsque j'ai partagé, toujours avec l'Orchestre de Paris, un autre moment historique, à savoir, à l'invitation de Laurent Bayle, l'inauguration de la Philharmonie de Paris sous la direction de Paavo Järvi. C'était la première fois que la salle était mise en service mais surtout, c'était le premier événement culturel après les attentats du 7 janvier qui ont coûté la vie à tant d'innocents, lors de l'attaque contre les journalistes et les locaux de *Charlie Hebdo,* et contre les clients de l'Hyper Cacher de la porte de Vincennes, le 9 janvier. Ce 14 janvier, nous nous sommes retrouvés à jouer devant les plus grandes sommités politiques françaises. Le climat était plus que lourd. Ce qui aurait dû être une fête ne pouvait l'être. Et comme à Londres, nous n'avons pas hésité non plus : il était important de redire à quel point non seulement nous étions solidaires des innocents sacrifiés, mais combien la musique, et tout ce qu'elle sous-tend, se doit d'être une réponse, non dans la montée aux extrêmes, non plus que dans une politique de violences répétées, mais dans l'alternative d'une exigence de beauté et de contemplation – cette beauté qui ne nie pas la tragédie, mais qui lui offre un contrepoids, une résilience. Après le concert, j'ai discuté avec le président Hollande. Mais mes pensées n'allaient qu'aux morts. À tous ceux dont l'existence brutalement, absurdement, injustement fauchée nous signifiait à quel point la vie mérite d'être au plus haut dans la joie.

La maternité spirituelle

Vous n'hésitez pas à vous affubler du nom de sorcière, voire des attributs de la fée. Vous m'avez d'ailleurs dit quelle épitaphe vous aimeriez voir gravée sur votre tombe. Concevez-vous ces définitions dans la veine de l'écoféminisme que vous venez de décrire ?

Pour l'épitaphe, j'en aurai peut-être changé demain. Ou bien je ne l'exigerai que si l'on me jette au bûcher. Ce qui n'est pas impossible – la violence ne cesse d'enfler dans le monde et celle contre les femmes suivra la même courbe ascensionnelle. Pour répondre à votre question, il y a longtemps que je me sens des affinités avec celles qu'on a appelées, dans les temps anciens, les sorcières. J'ai découvert leur histoire en étudiant celle des loups et j'ai appris l'origine des persécutions dont elles furent l'objet. Je m'y suis d'autant plus intéressée que la même violence prédatrice s'est exercée contre les loups et contre les femmes. L'auteur Clarissa Pinkola Estès a écrit que l'histoire des loups présente d'étranges similitudes avec celle des femmes, du point de vue de l'ardeur comme du labeur. Et c'est vrai, les loups et les femmes partagent certaines caractéristiques psychiques :

sens aiguisés, esprit ludique et aptitude extrême au dévouement. Les femmes accusées de sorcellerie l'ont été lorsqu'elles ont pris un pouvoir de thaumaturge, quand elles se sont transmis leurs savoirs en herboristerie, lorsqu'elles ont soigné et pansé grâce à leurs baumes, leurs onguents, les décoctions obtenues après la cueillette d'herbes sauvages. Elles ont alors échappé à l'autorité et au contrôle des pères et des maris. Elles ont été aussitôt punies du pouvoir que leur avait révélé leur relation primitive, sauvage, essentielle avec la nature. On a voulu mutiler leur mémoire enfuie du Jardin, d'où la beauté comme la perte ressuscitent parfois d'étranges souvenirs et de puissantes intuitions. Certaines ont été brûlées, d'autres bannies. Chez d'autres encore l'ombre, quand elles courent sous la lune, s'étend et s'ébroue comme celle d'une louve. Ce sont celles qui rient et aiment sans contrainte, enfantent et créent, se réjouissent de leurs formes et du sang chaud qui s'échappe de leur corps, et qui connaissent d'instinct les vertus de chaque herbe et le poison des fruits.

Ce sont elles que les « Natives » d'Amérique du Nord révèrent. Elles que les *cantadoras* d'Amérique du Sud chantent et invoquent comme « la femme qui vit au bout du temps » ou « la femme qui vit au bord du monde ». Cette femme, cette louve, reste amie et mère des égarés, de ceux qui ont besoin de savoir, qui ont une énigme à résoudre, qui errent dans le désert ou la forêt, en quête d'une réponse, d'un signe, d'un espoir. Alors oui, je ne répugne pas à m'associer à elle. Proust parle du « visage de ce grand poète qui au fond est un, depuis le commencement du monde, dont la vie est intermittente, mais aussi longue que celle de l'humanité ». On pourrait répéter la même vision de ces femmes, des mères. On verrait que depuis la nuit des temps, il n'y a en réalité qu'une même femme, toujours différente, toujours généreuse, qui prodigue toutes les nuances de son talent unique – l'amour.

Je ne m'étonne pas des nombreux mouvements qui se revendiquent de la sorcellerie ou du chamanisme. Ce qu'ils révèlent d'un désir de retour aux sources, d'un rêve d'une maîtrise de l'avenir de la planète, d'une réappropriation de ses propres forces ne peut que me réjouir parce qu'ils relient les femmes à la notion de féminin sacré, qui est aussi l'essence de notre planète, la Terre. Les femmes ont l'intuition du bien commun et le souci de l'avenir qu'elles veulent pouvoir préparer, pour le bonheur de leurs enfants. En 1997, un livre qui fut un best-seller international, *La Tente rouge*, d'Anita Diamant, exposait déjà cette aspiration. Le roman raconte l'histoire de Dina, un personnage biblique qui partage secrets et rites avec les autres femmes de sa tribu, sous une tente écarlate, un endroit interdit aux hommes. Il s'agit en fait d'une ode à la féminité.

Pour revenir à la question du féminisme, avez-vous ressenti une différence de traitement pendant vos années d'études, par la suite avec vos agents ou dans l'organisation de vos concerts ?

Quel que soit le milieu dans lequel vous évoluez, dès que vous regardez d'un peu plus près, on trouve tout ce dont la nature humaine est capable, le meilleur comme le pire. Le milieu de la musique classique n'est pas différent des autres… Serait-il, lui aussi, sexiste ? C'est inévitable. S'il y a du sexisme à Hollywood, imaginez dans le classique ! Mais il y a de plus en plus de femmes qui le composent, ça aide à faire bouger les choses. J'ai donc, moi aussi, perçu une différence de traitement par rapport à mes confrères, et tout le long de mes études. C'est arrivé, de façon ténue, sur quelques détails au début de ma carrière. Des attitudes condescendantes. Des variations d'émoluments. Une légère propension à la familiarité. Cet usage, que j'ai dénoncé, de mon seul prénom dans les articles. Mais, d'une part, je sais m'imposer. D'autre part, je ne m'attarde pas sur ces incidents. Le combat est ailleurs. Encore enfant, j'ai eu la chance de recevoir un conseil magistral de la part de Pierre Barbizet : « Ne cherche pas à être la meilleure, cherche à être unique. » Chaque être est unique : individu signifie indivisible. Son destin, c'est d'épanouir cette part de lui qui le rend incomparable, inclassable, ni comme homme ni comme femme, ni comme noir ni comme blanc, ni blond ni brun, ni vieux ni jeune. Qu'on en finisse avec ces classifications indignes d'un humanisme, à peine dignes d'un zoologiste. Ce qui importe, c'est l'âme de chaque être, pas son sexe. C'est sa capacité à se créer, à créer, et à engendrer la beauté. Aux femmes de s'imposer, chacune selon son talent, même si les obstacles sont plus nombreux pour elles que pour les hommes, je ne le nie pas, plutôt que de se perdre dans une victimisation sans espoir. Aujourd'hui, il y a des lois, des avocats, des juges, des peines. Qu'elles agissent pour que ces lois s'appliquent à ceux qui méritent d'être dénoncés, jugés et condamnés s'ils sont coupables. Mais je pressens un danger pour les femmes, si elles se laissent enfermer par ce système de judiciarisation systématique dans une victimisation chronique, et acceptent de réduire leur identité à leurs relations sexuelles, version #MeToo, et avec elles, le champ de leurs luttes. On ne sauve le monde, on ne le réforme que par le haut. Je songe à l'impératrice Théodora, l'épouse de Justinien, qui régna à ses côtés et mit en place un train de réformes en faveur des droits des femmes. Tout l'art et toute la civilisation ont été renouvelés, comme à Ravenne, par le sens nouveau que le cœur et la vie ont dès lors donné à la femme. À chaque époque de se doter d'une Théodora, à chacune de vouloir l'être. Je n'oublie pas non plus que les grands sursauts des sociétés quand elles commençaient à sombrer ont été initiés par des femmes. Telle est la vocation de la sainte, de la sorcière et de la fée, la vocation de la femme : l'enfantement. La renaissance.

Vous-même, vous n'avez pas d'enfant. Vous avez souvent parlé d'en adopter. Est-ce à dire que vous n'en avez pas voulu par vous-même ? Que vous préférez ce d'aucuns appellent la maternité spirituelle ou ce que la féministe Marie-Jo Bonnet appelle « la maternité symbolique » ? Je la cite : « La maternité symbolique a toujours existé : mettre au monde des idées, des œuvres d'art, des livres, l'enfant intérieur ; aider à grandir, prendre soin de l'autre, guérir les âmes. La culture patriarcale le sait, qui a limité cette maternité symbolique aux figures de vierges rédemptrices et miséricordieuses, entretenant la séparation entre le corps (maternel) et l'esprit (divin). Ce qui explique pourquoi la maternité symbolique est si peu connue. Si, dans les années 1970, on a pu croire que l'accès des femmes à la maîtrise de leur fécondité allait permettre de vivre enfin la libre maternité, il a fallu déchanter. Les techniques de procréation artificielle ont repris le contrôle du corps des femmes, réactivant la hantise de la stérilité tout en stigmatisant les femmes qui n'ont pas d'enfants. Depuis les cultes aux déesses mères à la maïeutique socratique en passant par Thérèse d'Avila, Jeanne Guyon ou, plus près de nous, la Mère d'Auroville, depuis Niki de Saint Phalle à l'écoféminisme et aux chamanes, il importe d'ouvrir le débat en démontrant que la maternité symbolique fait partie de l'expérience universelle. Elle est à la fois une alternative à la maternité obligatoire et un moyen d'exprimer son élan créateur, qu'il soit mystique, artistique ou guérisseur. »

Voilà le prototype d'une question qu'on ne pose jamais à un artiste quand il est un homme… Mais je peux vous répondre. J'ai longtemps estimé que la terre était surpeuplée, ce qui, pour être une vérité, était aussi une manière de me défendre contre la pression sociale qui oblige les femmes à avoir des enfants – même si elles n'en veulent pas dans l'immédiat le plus proche. Au demeurant, il faut toujours prendre soin de faire la différence : on peut être génitrice, sans être mère. Génitrice, voilà le fait biologique. Mère, voilà le fait spirituel, et c'est le seul qui compte. Or, même sans enfant, on peut être mère par l'esprit. Lorsque je joue, ou que je m'occupe des loups ou des chevaux, je cherche à enfanter chacun à lui-même. À commencer par ma propre personne parce qu'on n'est jamais mère que si l'on devient au passage sa propre mère. Enfin, je me suis intéressée à tous les enfants que j'ai tenu à faire venir au Wolf Conversation Center, notamment aux enfants handicapés, un mot dont j'ai aimé imaginer l'étymologie. Handicapé : « la main à la tête ». Main qui souligne la douleur ou la différence avec les autres. Sans doute est-ce pour cette raison que j'ai préféré à toutes les visites les leurs, et le mot handicap à celui d'« invalide », comme on le dirait d'un ticket de train ou d'une machine à laver en panne. Au Wolf Conservation Center, tous les jeunes visiteurs sont les mêmes aux yeux des loups : des enfants. Devant ces enfants, autistes ou privés de l'usage de leurs jambes, la meute ne modifie en rien son comportement. Ses jeux, ses amours, ses regards ou ses courses forment l'alphabet d'un langage qui se passe de mots ou de jugements. La mère qui nourrit son petit est une mère universelle. Elle continue de s'ébrouer dans la neige avec eux sans modifier ses mimiques, ni pitié, ni compassion, ni gêne, ni fausse et bruyante manifestation d'empathie. Voilà ces enfants, habituellement protégés du monde par le coton épais, voire étouffant, des soins, des hôpitaux, des institutions, les pieds dans la neige ou la boue, le nez dans le blizzard ou humant les parfums printaniers, non pas en contact avec la nature, mais dans le cœur même de ce que la nature a de plus authentique, de plus radicalement vital : les loups. Ce spectacle les construit tous, je crois, parce qu'il les met en contact avec cette part d'eux-mêmes qu'est l'instinct de vie – voire de survie. L'émerveillement opère et alors le dialogue avec l'essentiel est instauré : la joie profonde d'être au monde, fût-ce dans la différence.

Enfin, pour revenir à la question de mes propres enfants, outre celle que se posent toutes les femmes avant de mettre un enfant au monde : puis-je imposer le monde, ce monde, à un être innocent ?, il y a la vie d'une concertiste, qui laisse peu de temps au foyer, à la vie de famille, aux enfants qui ont besoin de la présence et de l'attention maternelles. Je ne sais pas si j'aurais aimé, enfant, que ma mère n'ait pas été présente lorsque je rentrais de l'école. J'ai eu le privilège que son métier lui permette de l'être. Avez-vous vu le film *Sonate d'automne* d'Ingmar Bergman ? Et connaissez-vous beaucoup d'enfants d'artistes qui n'aient pas éprouvé le même sentiment à l'égard de leur mère, que celui d'Eva à l'égard de Charlotte, concertiste, à qui elle reproche de l'avoir sacrifiée à sa carrière ?

Quoi qu'il en soit, c'est aussi une… inégalité entre les

hommes et les femmes dans le domaine artistique. Qu'une concertiste ait des enfants, et on lui reprochera – son mari, ses enfants, son entourage – de ne pas les préférer à sa carrière. Qu'elle n'en ait pas, et personne ne lui saura gré du sacrifice, car c'est est un. Et puis on ne choisit pas toujours. Il y a la maladie, qui peut interdire d'être enceinte. La mode est à donner la parole aux femmes qui n'éprouvent aucun sentiment maternel pour leurs enfants, bien plus nombreuses qu'on ne le croit, paraît-il. Qui se penchera sur les tourments d'une femme qui n'a pas eu d'enfant, quand bien même elle en aurait voulu ?

Vous êtes d'une beauté qui a frappé nos contemporains. Ingmar Bergman lui-même, qui a si puissamment filmé la féminité, avait demandé à vous rencontrer et envisageait de vous filmer. Je me souviens d'un voyage que nous avions fait en Suède, où vous n'aviez pu répondre à son invitation de vous rendre sur son île, Fårö, dans la Baltique.

Votre apparence a-t-elle été un atout, une malédiction ? On connaît la remarque de la comédienne Louise Brooks : « J'ai toujours pensé que ma beauté était une calamité. C'est seulement aujourd'hui que j'ai fini par comprendre que ma beauté était une bénédiction. C'est le fait de ne pas avoir compris comment en tirer profit qui était une calamité. » On connaît aussi la tirade si juste d'une pièce de Musset : « Vous me trouvez jolie, je suppose, et cela vous amuse de m'en faire part. Eh bien, après ? Qu'est-ce que cela prouve ? Est-ce une raison pour que je vous aime ? J'imagine que si quelqu'un me plaît, ce n'est pas parce que je suis jolie. Qu'y gagne-t-il, à ces compliments ? La belle manière de se faire aimer que de venir se planter devant une femme avec un lorgnon, de la regarder des pieds à la tête, comme une poupée dans un étalage, et de lui dire bien agréablement : Madame, je vous trouve charmante ! Joignez à cela quelques phrases bien fades, un tour de valse et un bouquet, voilà pourtant ce qu'on appelle faire sa cour. Fi donc ! comment un homme d'esprit peut-il prendre goût à ces niaiseries-là ? Cela me met en colère, quand j'y pense. »

On m'a demandé un jour, lors d'un entretien, ce que je changerais chez moi si je le pouvais. J'ai spontanément répondu : « Le regard des autres. » Pour autant, je ne pense pas que la beauté – la beauté physique – soit une malédiction. Elle ne l'est que si l'on s'y soumet, si l'on en devient esclave. Je n'ai pas vécu la mienne de cette façon, pas plus que je ne l'ai considérée comme une supériorité. Professionnellement, cela m'a peut-être aidée – il est difficile de se demander si ma carrière ou mes choix auraient pu être différents avec un autre visage. Elle m'a nui tout autant. J'ai entendu souvent le cliché « Trop belle pour bien jouer ». On m'a souvent jugée avec les yeux plutôt qu'avec les oreilles, et je le déplore. Dit-on d'un homme qu'il est… trop beau ? Quand je suis devant mon piano, aucune tricherie n'est possible : je me mets en jeu moi-même. La musique requiert la nudité de l'âme entière. Mais on veut continuer à faire croire qu'une femme ne peut pas avoir de talent par elle-même, comme si tout se ramenait à son physique. Ce préjugé absurde, on s'aperçoit qu'il est toujours le fait des hommes qui ont peur des femmes. Enfin, ma nature rebelle, indisciplinée, ma turbulence d'enfant, m'ont très tôt mise à l'abri des tentations narcissiques. Je n'y ai jamais accordé une trop grande d'importance. Fort heureusement, mon mode de vie me prévient du harcèlement dont beaucoup trop de femmes sont hélas victimes. Lorsque je ne suis pas en tournée, je vis au fond du monde, dans les bois, et souvent en mode solitaire. Mais j'ai éprouvé cette pression sexuelle à l'adolescence, lorsque j'explorais les rues de Paris entre mes cours du Conservatoire. J'avais gardé l'habitude, peut-être provinciale, de regarder les gens que je croisais droit dans les yeux. À quinze ans, j'ai découvert ce regard particulier que certains hommes portent sur les femmes – et leurs sourires terrifiants parce qu'ils n'impliquent aucune gentillesse, aucune douceur, parce qu'ils brillent d'une violence inédite pour une jeune fille de cet âge. C'est que le regard de concupiscence connaît mille versions. Certains sont goguenards, certains plus timides – mais alors par en dessous avec quelque chose d'obscène. J'ai rencontré des regards allumés d'une étincelle voluptueuse. Des regards d'une infinie mélancolie – ceux des hommes qui renoncent au fruit interdit et rêvent d'y goûter, empoisonnés quotidiennement par le venin de leur désir. Mais pour moi, comme pour toutes les filles du monde, cette ronde dont je faisais l'objet et la luisance de ces yeux posés sur moi avaient quelque chose de glaçant parce qu'il s'en dégageait une essence primaire, barbare, une violence pure, nucléaire, un aperçu de forces noires énormes et voraces qui n'avaient rien à voir avec celles auxquelles j'assistais dans la nature, et que je respectais. Au cours des années, j'ai appris à rester étanche à ces regards. Non que j'aie refusé ce pouvoir de troubler, ni réfuté d'emblée toute tentation narcissique. Seulement, en même temps que je le découvrais, je réalisais que je ne le contrôlais pas. Je voulais bien être pyromane, mais aux lieux et heures que j'aurais décidés uniquement, certainement pas à cause de ma plastique ou de l'effet de mon sourire, ni à cause de mes yeux. Allumer le feu d'une passion, oui, mais pour mes visions musicales, mes idées sur le monde, mon accouplement avec le piano qui me faisait regretter que manquent, dans les bestiaires fabuleux ou les mythologies musicales, un Sagittaire mi-homme mi-piano, une sirène au corps de cordes et aux ondulations d'accords.

Pour éteindre le regard des hommes que je croisais dans les rues lors de mes vadrouilles, j'ai appris à donner à ma démarche une détermination presque athlétique. Rien n'est pire que la nonchalance, ce pas si particulier aux errances, pour déclencher quiproquo et ambiguïtés. Et puis, très vite, j'ai cessé de regarder les gens et, si je croisais encore, par hasard, certains regards, ils ne m'ont plus atteinte ni touchée d'aucune façon. Plus tard, lorsque j'ai entamé une carrière internationale, mon apparence a souvent interloqué, ou plutôt l'alliage de mon physique avec mon cursus professionnel, qui semblait à beaucoup inconcevable. Le « Sois belle et tais-toi » que n'importe quelle femme inspire de prime abord était ruiné par mes concerts, ce dernier élément contredit par ma passion avouée, active, pour une meute de loups… Comment ajuster ces pièces du puzzle, les bien jointer ensemble ? L'écriture de mes trois romans n'a rien facilité, même si je m'y suis largement expliquée. Une pianiste (donc quelqu'un de « pur »), une musicienne classique (donc dotée d'un « pouvoir intellectuel »), lancée dans une carrière internationale (donc indépendante financièrement et libre de ses mouvements) et qui écrivait. Jusque-là, tout allait encore. Mais « vivant avec des loups » (une image génératrice de fantasmes de puissance sexuelle) : alors surgissent tous les contresens !

Vous avez évoqué la figure de Théodora et affirmé que ce modèle devait inspirer les femmes. Avez-vous rencontré les Théodora de demain ?

Bien sûr ! Et fort heureusement. Mais permettez-moi de revenir sur la notion de modèle. Je préfère le mot exemple, ou inspiratrice. Il y a, dans le terme modèle, quelque chose d'une injonction à la conformité. Je m'effraie de cette tendance qui se développe, et particulièrement, me semble-t-il, chez les jeunes femmes. Le phénomène des modes est vieux comme le monde, mais ce qui est nouveau, ce sont les mots d'ordre, l'obéissance presque aveugle à cette nouvelle figure de la société – l'influenceuse. Oscar Wilde disait qu'il est vain de vouloir être quelqu'un d'autre, parce que la place est déjà prise. Tout principe d'éducation consiste à aider l'élève ou le disciple à se connaître dans un premier temps, à se préférer aux personnalités étincelantes qui traversent nos vies et qu'on rêve d'approcher, et ensuite, dans une seconde étape, à trouver sa voie en affirmant l'éclat de sa propre personnalité. Il ne faut pas davantage chercher à être à tout prix différent. D'autant que nous le sommes tous, *de facto*, les uns des autres, fort heureusement. Cela dit, l'uniformisation des attitudes, des modes, des physiques même, m'effraie – jusqu'à ces recours si fréquents et si tôt à la chirurgie esthétique. Je crains que ce ne soit pas le meilleur terreau pour susciter un renouveau artistique, ni pour offrir à l'individu un horizon où s'accomplir. Plus les possibilités de choix se raréfient, moins l'individu trouvera à s'affirmer harmonieusement. Lors de mes tournées dans le monde, je m'attriste que les rues de Shanghai ressemblent désormais à celles de Los Angeles, et que les modes vestimentaires, la gestuelle même – le nez sur l'écran du téléphone portable –, soient les mêmes à Johannesburg qu'à Helsinki. Enfin, un exemple n'a pas la même résonance qu'un modèle. Les exemples – les exemples à suivre, dont s'inspirer – sont ces personnalités qui ne cherchent pas à nous influencer. Simplement, elles s'affirment dans une voie et un mode d'expression pour remettre un peu de charité, un peu de beauté dans ce monde. Certains grâce à l'art, d'autres dans la lutte, et parfois les deux modes sont conciliés. Ce sont ces femmes et ces hommes qui n'hésitent pas à préférer donner la priorité à bien plus grand que leur propre intérêt – Jean-Sébastien Bach en musique, Diane Fossey en écologie, Mère Teresa en charité. Dernièrement, par réputation, LaDonna. L'actualité les désigne parfois, quand ils sacrifient leur vie pour en sauver d'autres, quand ils se chargent du malheur du monde, de la défense des opprimés, de la nature, d'une cause ingrate, et sans égard pour leur santé, leur vie, leur réputation.

Murmurer à l'oreille des chevaux

Vous vous êtes installée sur la côte Ouest pour vous consacrer à une nouvelle cause : la sauvegarde des chevaux mustangs. Qu'est-ce qui vous a amenée à vous intéresser à une espèce aussi opposée à celle des loups ? Je ne peux penser à cette passion sans me souvenir de l'histoire célèbre au sujet de Nietzsche, où il faut voir plus qu'une anecdote, la condensation d'une vie : le lundi 3 janvier 1889, ne supportant pas le spectacle d'un cheval martyrisé par son cocher, Nietzsche se jeta au cou de l'animal en sanglotant. Ramené dans la petite chambre qu'il occupait à Turin, il demeura couché pendant des heures, sans reprendre conscience. À son réveil, il se présenta à la fois comme Dionysos et comme le Crucifié.

C'est exact, j'ai déménagé sur la côte Ouest des États-Unis, mais rien qui ressorte d'une lubie, ou d'une nouvelle passion. En ce qui me concerne, je sais très précisément d'où me viennent mon attirance et mon amour des chevaux. Ils me viennent de mon enfance. La rencontre que j'ai faite avec ces animaux fabuleux, en Camargue, est liée inextricablement au souvenir de moments pleinement heureux. Non pas à moitié, ou un peu, mais pleinement heureux. Ce furent eux, bien avant Alawa, bien avant les loups, qui m'ont communiqué les premiers cette sensation de connexion avec le cosmos à laquelle je suis si attachée, et mon désir de vivre et de courir dans de grands espaces, à leur façon, sans contrainte ni barrière. Ils ont été en quelque sorte un miroir dans lequel j'ai pu projeter mon avenir. Ils me sont apparus, étrangement, dotés d'une douceur surnaturelle, mais aussi de quelque chose d'essentiellement farouche, de pur et de violent. Ce jour-là, dans les étangs de Camargue, tout à fait seule sous le grand ciel, j'ai tenté de les approcher. Pendant quelques mètres, j'ai pu marcher vers eux sans qu'ils bronchent – sans doute étais-je dans le vent et ils ne m'avaient pas vue. Et puis d'un seul coup, ils ont senti ma présence et ils se sont éclipsés comme le faisaient les flamants roses – dans un grand envol, auréolés d'écume.

Pourquoi n'avez jamais demandé à vos parents de vous inscrire dans un club équestre ?

On m'a posé dernièrement la question, surtout lorsqu'on a su que je m'intéressais au sort des chevaux mustangs. La réponse m'a brûlé les lèvres, tant elle me semble évidente.

Ce que j'avais aimé en Camargue, chez ces chevaux dont j'avais fini par apprendre que leur origine restait mystérieuse, quoiqu'on estime que leur race est sans doute l'une des plus anciennes du monde, c'est qu'ils étaient résolument sauvages – j'entends par là attachés à leur habitat dont ils sont l'une des composantes, avec les oiseaux et les taureaux de combat. Les manades, qui les domestiquent, les laissent d'ailleurs en liberté quand leurs propriétaires ne les montent pas. On a bien tenté au cours des siècles de les croiser avec d'autres chevaux pour en faire des montures de guerre ou de chasse à courre, mais l'entreprise a échoué. Le mythe de Crin-Blanc n'est pas usurpé… Et puis avec un club équestre, comment aurais-je pu concilier ma fascination pour la liberté essentielle de ces chevaux avec l'encadrement et la discipline qu'exige l'art de l'équitation ? Comment aurais-je participé à ce que je redoutais pour moi – mettre au pas ?

Revenons aux chevaux mustangs et à votre installation sur la côte Ouest.

Lorsque j'ai appris le sort que certains réservaient aux cousins d'Amérique des chevaux camarguais – et je croyais à l'époque qu'il ne s'agissait que d'une rumeur, une de ces fameuses *fake news* qui nous empoisonnent l'existence –, j'ai décidé de vérifier l'information. À dire vrai, j'aurais préféré qu'il ne s'agisse que d'une légende urbaine. Je ne sais pourquoi, j'avais l'impression d'avoir une dette à l'égard de leur espèce – m'être sentie si légère, euphorique, béatement joyeuse lorsque je les voyais. Alors j'ai décidé d'agir, parce que ces chevaux sont désormais menacés d'être abattus à grande échelle. Certes, depuis 1971, une loi fédérale, votée par le Congrès, les a protégés de l'éradication par euthanasie ou par stérilisation. Mais abandonnés à leur sort, ces chevaux qui font partie intégrante de la conquête de l'Ouest, dont l'image, les silhouettes composent le mythe, ont été, de facto, délaissés au profit de l'automobile et lâchés dans la nature, sans que leurs anciens propriétaires se soucient de leur subsistance. Ils ont alors migré en bandes vers les hauts plateaux des Rocheuses et ses vastes espaces, où l'herbe est rase et rare, mais sur des étendues telles qu'ils ont trouvé à s'y nourrir. Ils s'y sont reproduits et même si, en comparaison de leur nombre au début du siècle qu'on estimait à deux millions, ils ne sont plus qu'une cinquantaine de mille, l'organisme fédéral qui s'occupe de leur gestion, le BLM, a estimé qu'il y avait douze mille chevaux de trop. Les fonctionnaires en charge de ce dossier ont jugé qu'en l'absence de prédateurs naturels, leur population doublerait dans les cinq années à venir si rien ne venait réguler cette croissance. Selon eux, la seule chose qui puisse la réguler est une catastrophe climatique – une de ces sècheresses terribles dont l'Ouest américain est de plus en plus fréquemment victime. En attendant que le ciel se charge de réduire leur nombre, le gouvernement a décidé de les capturer. En vérité, le motif de cette décision, c'est que les hauts plateaux qu'ils fréquentent ont été à leur tour investis par les éleveurs de bétail, qui pratiquent une culture très extensive sur ces terres étatiques étendues sur des milliers de kilomètres carrés. Les mustangs, estiment ces fermiers, prennent l'herbe de leurs bêtes et ils boivent leur eau – une eau de plus en plus rare. Puisqu'on ne pouvait les abattre, il restait à leur interdire cet habitat qui est devenu leur élément naturel depuis l'avènement de l'automobile, de l'avion et du chemin de fer. Mais comment contraindre des animaux aussi rapides, aussi farouches et aussi sauvages, et sur de telles vastitudes, le plus souvent dépourvues de voies de communication ? L'hélicoptère a fourni une réponse efficace. Pendant des heures, l'appareil survole les hardes, passe en rase-mottes, rend fous les chevaux et les pousse petit à petit vers l'enclos qui les attend. Ces poursuites terrorisantes pour ces animaux durent souvent des heures. Des heures où les chevaux sont inlassablement harcelés. Beaucoup meurent pendant l'infernale poursuite, d'autres d'une patte brisée, ou bien ils tombent dans les ravines. Une association de défense des animaux a filmé, subrepticement cela va sans dire, l'une de ces opérations. Le film a été diffusé sur les chaînes de grande écoute. Les Américains ont été horrifiés par la violence des images – ces poulains et ces juments gravides qui tombaient, et mouraient de terreur et d'épuisement. Ils ont découvert comment les étalons, rendus fous dans les enclos, attaquaient d'autres étalons pour protéger leur famille. L'émotion générale et la pression publique ont été telles que ces poursuites par les airs ont été interdites… Le temps que le public regarde ailleurs et s'indigne pour une autre cause, et les hélicoptères ont de nouveau décollé pour les hauts plateaux du Nevada. Qu'importe les conditions climatiques ? Quand elles sont au pire – du froid ou de la canicule –, les pilotes sont assurés d'une mortalité importante au sein du troupeau pendant leur course folle. Lors de l'été particulièrement chaud, il y a trois ans, à Tuscarora, le harcèlement par les airs a tué dix-sept des deux cents chevaux de la harde. Pendant l'hiver qui a suivi, aux Calico Mountains, cent cinq chevaux n'ont pas survécu et quarante juments ont avorté. Quant aux mustangs qui s'en sortent, ils sont enfermés, parqués dans des enclos minuscules. Alors les étalons se déchirent entre eux, les poulains sont piétinés, les chevaux se mordent.

Que pouvez-vous faire pour stopper ce massacre ou ces mauvais traitements ?

Je suis en train de mettre une structure en place et de réfléchir aux solutions viables, et pérennes. Aujourd'hui, certains des chevaux capturés de cette manière ont la chance d'être adoptés mais, pour qu'ils trouvent des familles d'adoption, il faut les domestiquer rapidement. La plupart du temps, le débourrage est brutal et rapide. D'autres sont destinés aux rodéos. Pour la plupart, les abattoirs de chevaux étant interdits aux États-Unis, on les transporte dans des camions jusqu'au Mexique où ils finissent comme viande de boucherie. Autant de maltraitances atroces, inacceptables, et qu'on finit pourtant par tolérer – comme pour tout. Ou tout du moins, sur lesquelles on préfère fermer les yeux. De cette façon, comme le loup, à terme, le mustang finira lui aussi par disparaître en tant qu'animal sauvage, dans toute sa splendide beauté.

Ce film, lorsque j'ai eu vent de la rumeur qui concernait ces chevaux, m'a déterminée à agir. En le visionnant, je me suis souvenue d'une prophétie du chef Seattle, que j'ai inscrite au-dessus de ma cheminée, dans ma maison de Salem : « Il traite sa mère, la terre, et son frère, le ciel, comme des choses à acheter, piller, vendre comme les moutons ou les perles brillantes. Son appétit dévorera la terre et ne laissera derrière lui qu'un désert. »

Vous avez écrit un jour pour l'édition coréenne de Variations sauvages *: « Les loups m'ont obligée à devenir moi-même. Existe-t-il des points communs entre eux ? Oui, comme avec tout ce qui compte sur cette terre : ils sont un absolu, le miroir de cette autre vie que nous savons être la seule quête à poursuivre. La musique est sauvage, comme les loups sont civilisés ; tous les deux sont la noblesse du monde lorsque, soudain, il s'ouvre pour nous et nous découvre ses mystères. La musique* *est de tous les lieux comme les loups : rien ne peut les arrêter. On peut décider de les étouffer, ils reviendront. On ne tue pas la liberté. » Éprouvez-vous pour les chevaux la même empathie, la même familiarité qu'avec les loups ? Je suppose que leur dressage, ou le simple fait de les domestiquer, a été beaucoup plus facile qu'avec les loups ?*

Tout au contraire. Il y a quelques années, alors que je me promenais dans un ranch à la limite du parc naturel de Yellowstone, j'ai découvert quelque chose dont je ne me serais jamais doutée : j'ai peur des chevaux. On m'avait proposé de partir à cheval sur les traces de la faune pour évaluer l'équilibre des espèces entre elles et le faire *de visu.* J'ai avoué n'être jamais montée à cheval. On est allé chercher une jument âgée dont on connaissait la sûreté du pas, la stabilité des humeurs et la douceur du caractère. Un frisson d'effroi m'a saisie au moment de me hisser sur la selle, une peur si manifeste que la jument s'est légèrement ébrouée. Mat s'est amusé de ce paradoxe – que je ne craigne rien des loups mais que je craigne les chevaux. J'ai serré les dents pendant toute la randonnée, le cœur battant, les muscles si tendus qu'au retour, en posant pied à terre, j'ai eu peine à marcher. Mais cette journée passée à cheval a eu un effet bénéfique. Lorsque je suis entrée en contact avec les mustangs, la crainte, née de l'intimidation au sens premier – on est toujours intimidé par ce qu'on admire –, la crainte donc que les chevaux m'inspirent s'est avérée être l'un des éléments qui m'ont incitée le plus puissamment à m'engager dans une action pour les protéger – au point de m'éloigner temporairement de South Salem et du Wolf Center désormais parfaitement rodé et aux mains de scientifiques et de gestionnaires compétents, pour la Californie, plus proche de leurs espaces naturels. Il m'a semblé qu'il y avait la même distance entre les loups, carnivores et prédateurs utiles, et les chevaux, herbivores et proies pour les hommes et parfois pour les loups, qu'entre les sons de la nature et les œuvres de la musique classique. Il me semblait qu'en attirant l'attention sur leur sort après l'avoir fait sur celui des loups, je parcourais l'octave entière de ma propre partition dans le monde.

Et puis il y a aussi cette part de moi, inconnue, que les chevaux allaient m'apprendre à domestiquer : ma peur. La peur à qui j'ai toujours interdit de me dicter sa loi tant elle implique de repli sur soi ou de ne rien tenter si l'on n'a pas éprouvé, au préalable, le nombre infini de filets de sécurité qu'on peut tendre autour de soi, jusqu'à les rigidifier, jusqu'à les transformer en barreaux de prison. Il faudrait pourtant une stimulation bien plus forte que la crainte pour que le monde change et s'améliore. La beauté, l'amour… et même le risque… C'est ce risque que j'ai décidé de courir en partant pour l'Ouest. « Jeunes gens, partez pour l'Ouest et grandissez avec votre pays. » Ce fut le mot d'ordre, en 1865, de l'Amérique à ses pionniers. J'en ai fait ma devise lorsque je me suis installée dans un ranch, sur la côte Ouest, pour pouvoir y recueillir des mustangs et réfléchir à une action plus concrète, plus précise, toujours à l'étude. Certes, cette devise, je l'ai un peu modifiée : « Hélène, pars pour l'Ouest et grandis avec la Nature. » Et dans une vision d'une liberté *libératrice*. Ce que Rimbaud appelle « la liberté libre ».

Les chevaux, la musique, les loups, la littérature, les grands espaces… Y a-t-il encore une activité toute personnelle à laquelle vous vous adonnez en privé ou que vous réservez à quelques amis ?

Il y en a une, effectivement. Mais c'est quelque chose que je pratique loin des yeux des hommes, parfois au milieu des loups, et souvent dans la forêt, devant mes deux compagnons de vagabondage – mes chiens, Chico et Dude. Plus qu'à une activité ou une discipline, c'est une sorte de cérémonie secrète et intime : je danse. Non pas selon des règles établies, ni tango ni entrechats. Des improvisations plutôt. Des jaillissements. Je repasse en esprit la partition sur laquelle je travaille et je me mets à danser. Alors, mon corps dessine la musique et j'ai la sensation magique de la projeter dans une quatrième dimension, d'en féconder l'air et d'en féconder mon corps. Lorsque je danse, j'ai le sentiment d'une participation plénière au vivant. Je concentre toute mon attention sur chacun des pores de ma peau, je m'étire dans le vent, j'épelle mon corps, je le dévêts de ses fatigues, de ses rouilleries. Je le déride. On se rend rarement compte du travail musculaire, de l'effort d'athlète qu'exige l'étude du piano. Et je fais l'expérience physique de la joie.

Je danse lorsque je suis heureuse ou pour me défaire de trop grandes tristesses, des chagrins qui parfois m'assaillent. J'ai dansé ainsi pour la première fois enfant, en Camargue, dans les roseaux, après l'envol des chevaux dans celui des flamants roses. J'ai eu le désir soudain et irrépressible de virevolter, les bras tendus au ciel, les jambes ailées de gouttelettes qui volaient au soleil son éclat. Plus tard, j'ai découvert les propos de Nietzsche que je vous ai déjà cités et j'ai eu le sentiment qu'il les avait écrits non pour son ami Franz Overbeck, mais pour moi : « Observant sa frustration, les animaux avec qui il converse invitent Zarathoustra à abandonner la parole. Il doit apprendre à chanter, comme le fit Socrate à l'heure de sa mort. Dans l'idéal, le penseur doit danser ce qu'il veut dire. » J'ai découvert aussi qu'il n'y avait rien d'anormal dans cette pulsion, ni dans le désir de danser en pleine nature. Dans la Bible, dont la lecture m'a tellement passionnée enfant, les psaumes proclament l'invitation divine à un bal de prières : « Louez l'Éternel ! (...) Qu'ils louent son nom par la danse ! Qu'ils le célèbrent avec le tambourin et la harpe ! » Saint Augustin a reconnu le caractère sacré de la danse et j'ai retrouvé, dans les écrits de Clément d'Alexandrie, l'exacte définition de ce que je ressens lorsque je danse : elle permet d'« accompagner le mouvement de notre pensée vers l'essence intelligible. Nous tâchons par là de détacher de la terre notre corps avec nos paroles, après avoir élevé notre âme ailée vers le ciel par un vif désir de la perfection ». En vérité, jamais la danse n'a perdu ses liens avec le sacré : elle « est un acte de foi et un acte d'amour, elle est une prière, profane ou sacrée », a déclaré le grand danseur Serge Lifar. Nietzsche, encore lui, a écrit : « Je ne vois pas ce que l'esprit d'un philosophe pourrait désirer de meilleur que d'être un bon danseur. » Et il a fait un danseur de son Zarathoustra, louant la puissance de Dionysos, qui permet que « les forces les plus hautes et les plus basses de la créature humaine, ce qu'il y a de plus léger, de plus terrible, jaillissent d'une seule source avec une immortelle certitude ». Cette louange à l'instinct vital, Nijinski, le héros des Ballets russes, l'a incarnée en renversant toutes les conventions dans sa danse inaugurale à toute danse moderne, avec le scandale du *Sacre du printemps* en 1913. Et c'est de ce « je », autre et étrange, de sa joie sauvage et libre qui est la mienne, qu'Arthur Rimbaud témoigne lorsqu'il lance : « J'ai tendu des cordes de clocher à clocher, des guirlandes de fenêtre à fenêtre, des chaînes d'or d'étoile à étoile, et je danse. »

Comme la musique, la danse transmue le lourd en léger. Grâce à elles, le corps n'est plus l'obstacle qu'on doit surmonter pour se fondre avec le vivant, il devient la vie où plonge la musique pour mieux atteindre le très-haut, l'esprit, l'invisible. Parfois en dansant, j'ai la sensation de composer, de dégager le contour et la splendeur de la musique. Alors, j'ai le sentiment d'être moi-même dansée par la vie, dans une sorte d'alléluia cosmique. « Danser est l'acte des métamorphoses », a écrit Paul Valéry. Quelle métamorphose, si ce n'est l'élan en verbe et le corps en louange d'amour ?

Je me rappelle avoir été bouleversée par l'adaptation cinématographique de *L'Amant de Lady Chatterley* de Pascale Ferran, avec cette scène des pas de danse de l'héroïne, nue sous la pluie, et la chorégraphie des corps des deux amants dans l'ondée tiède d'un été, au cœur de la forêt. Cette séquence exalte la célébration de l'harmonie sexuelle et de la nature avec une pureté, une sainteté inoubliables. Nous sommes au jardin d'Éden, lavés, délivrés de toute crasse pornographique. C'est, en plus d'une esthétique parfaite, d'une intelligence rare : la scène offre une entrevision d'avenir et d'espoir, qui contrebalance l'incipit mémorable du roman, qui semble avoir été écrit pour nous, pour aujourd'hui, pour maintenant : « Nous vivons dans un âge essentiellement tragique ; aussi refusons-nous de le prendre au tragique. Le cataclysme est accompli ; nous commençons à bâtir de nouveaux petits habitats, à fonder de nouveaux petits espoirs. C'est un travail assez dur : il n'y a plus maintenant de route aisée vers l'avenir, nous tournons les obstacles ou nous grimpons péniblement par-dessus. Il faut bien que nous vivions, malgré la chute de tant de cieux. »

Vous m'avez demandé quelle était la dernière fois où j'avais dansé ainsi, seule sous le ciel. C'était devant mon chien Dude. Je venais, à mon retour d'une tournée, d'accompagner la mort de mon Chico, mon noble protecteur, mon chevalier d'âme. On éprouve toujours une pudeur, presque une honte, à dire l'effroyable chagrin qui s'empare de celui qui perd son chien, ou son chat. Il y a tant de malheurs sur terre ! Tant de morts d'hommes et d'enfants ! Et pourtant… J'avais saisi quelque chose de l'ampleur de ce deuil lorsque j'avais découvert le cimetière des animaux, à Paris, dont je vous ai parlé, et quelques années plus tôt, lors de la disparition du chien de mon grand-père. Mais lorsqu'il s'agit de son propre ami, de son compagnon toujours fidèle, toujours aimant, lorsqu'on se souvient de la profondeur de ses regards, de sa façon de vous interroger quand il apercevait vos valises et le taxi qui venait vous chercher – « Tu ne vas pas me laisser, dis ? » –, lorsqu'on se rappelle sa joie lorsque vous mettiez vos chaussures de marche – vos chaussures de danse – pour partir avec lui flairer le vent, et la complicité profonde, tacite, qui unissait vos pas, lorsque vous reviennent ses longs soupirs exaspérés lorsqu'il jugeait vos répétitions trop longues, alors l'affreuse douleur vous submerge. Chico, mon ombre avait sa forme. Mes mains, où il venait fourrer sa truffe pour une caresse, le cherchent encore. Le vide qui lui succède ne se referme pas. Lorsque je dansais devant lui, il se couchait à côté de son inséparable copain, Dude, mon terrier de cœur. Il me regardait, la tête penchée d'un côté, de l'autre, avant de sauter à son tour, de gambader autour de moi. Ce soir-là, je suis partie me réfugier loin de la maison. J'ai pris Dude dans mes bras et j'ai doucement dansé – quelques pas seulement. J'ai dansé, pour ne pas hurler comme un loup.

Oui, je danse et je ne pourrai jamais oublier de danser. Un compositeur me ramène toujours à ce désir. C'est Jean-Sébastien Bach, et tout particulièrement ses partitas – et ses suites – qui semblent, à la première écoute, une série de danses. En vérité, elles exigent une incroyable variété de techniques pour exprimer l'âme même de la musique, et avec elle celle de l'instrument, comme ce bariolage excitant et excité que le prélude d'ouverture de la *Partita en* mi *majeur* – quelque chose de bouillonnant et d'exubérant – donne à entendre. Je l'écoute. Je m'y exerce. Je comprends que cette musique doit être… comment dire, « disposée » de manière spacieuse et, dans le même temps, jouée de toute urgence. Je comprends que je dois, comme le pollen sur les pattes de l'abeille après son passage au cœur de la fleur, l'aggraver de toute la charge spirituelle qui doit toujours irriguer la musique de Bach, avec ces élans de joie et d'euphorie qui la caractérisent, autant dire, toute l'essence spirituelle de l'impulsion à danser, saisie dans un son. Pourquoi associer ces pièces de Bach (ainsi la *Gigue en* mi *majeur* ou *La Chaconne*) avec la danse ? Parce que les deux offrent la même clé – la joie. Cette joie cathédrale qui les possède toutes. La joie d'un rire. La divine joie d'affirmer l'Éternité. La joie, comme unique Royaume, que la musique perpétue.

Je sais que vous aimez cette pensée de Claude Lévi-Strauss : « La musique et la mythologie sont des machines à supprimer le temps. Si bien qu'en écoutant la musique et pendant que nous l'écoutons, nous accédons à une sorte d'immortalité. (…) Que la musique soit un langage, à la fois intelligible et intraduisible, fait de la musique elle-même le suprême mystère des sciences de l'homme, celui contre lequel elles butent et qui garde la clé de leur progrès. » Avez-vous un secret, un secret de musicienne, de fée ou de sorcière – et non pas un conseil puisque vous n'aimez pas en donner –, que vous aimeriez partager avec ceux qui vous lisent et ceux qui vous écoutent ?

Il est tout entier dans le titre de ce livre.

Brève philosophie portative

Ma règle de trois matinale : Personne ne peut m'aider si je ne m'aide pas ; si je n'aide que moi, je ne suis rien ; et rien ne justifie que je n'agisse pas maintenant.

Dignité

Dans son travail, lorsqu'on doute, ne jamais se dire qu'on est nul ou insignifiant. Il n'y a que devant l'esprit, la beauté et la nature qu'on doive ressentir sa médiocrité, jamais devant les hommes. Devant les hommes, prendre conscience de sa force.

Art

Pourquoi la musique ? Pourquoi l'art en général ? Pour échapper à l'enfer, pour transformer le chaos de ce monde en une part d'Éden.

Distance

Préférer la musique aux couplets des opinions à la mode. On ne garde ses distances qu'en prenant de la hauteur.

Ennemis

Vos ennemis ? Plus ils ont raté leur vie, moins ils vous rateront.

Votre ennemi ? Celui qui tente de vous entraîner à mépriser ce qui vous porte, votre part divine.

Ne pas haïr ses ennemis. Ils ont une vertu – ils vous obligent à toujours vous ressaisir, à persévérer dans votre voie, à refuser toute dispersion. Votre succès, votre bonheur viennent de ce que vous avez triomphé des pièges et des coups bas qu'ils vous ont opposés, par quoi ils pensaient vous détruire.

Se choisir

Rester unique et singulier. On ne trouve jamais sa place en copiant les modèles ou les idoles qu'on nous impose.

Il n'y a pas lieu de se féliciter d'avoir voulu être Balzac, Mozart ou Léonard de Vinci. Le seul orgueil est de s'accomplir, de parvenir à être soi.

Partage

On peut pleurer sur le malheur et l'anxiété qui rongent le monde. On peut aussi s'en consoler en les partageant.

Douleur

Parce qu'elle est ce qu'on fuit, la douleur est aussi ce qui nous construit.

Liberté

Il y a la puissance et le pouvoir. La puissance s'exerce sur soi – déployer ses talents. Le pouvoir sur les autres – de là que tant d'impuissants s'ingénient à nuire à autrui pour contrer l'expression de leur puissance.

Je suis libre tant que je préserve ma faculté de choisir entre l'expression de la puissance et celle du pouvoir. De choisir entre le bien et le mal.

Rien n'est plus facile que de faire le mal – c'est à la portée de tous.

Silence

S'exercer au silence au moins une heure par jour. Jusqu'à entendre le frôlement d'ailes des anges. Et parfois leur rire.

Fierté

« Je voudrais être comme les autres ! me dit un enfant.
– Mais alors, tu perdrais ton innocence. »

Compliments

Ne croire qu'aux compliments qui n'ont pas vocation de séduire.

N'écouter que les critiques qui n'ont pas vocation de détruire.

Amour

Ne pas confondre l'amour et le désir, ni le désir et l'envie.

Âme et amour. J'aime que ces deux mots commencent par les mêmes lettres. Comme si chacun enveloppait l'autre.

Je crois en l'amour tant qu'il augmente ma liberté.

L'amour embrase ; alors tout dans la vie devient ardeur. La passion consume ; quand tout est entièrement brûlé, la flamme s'éteint.

On doit aimer jusqu'à la douleur de l'amour.

Le véritable amour est insolent. Le rester, à tout prix.

Principes

Que ce soit au prix de la gloire ou de la disgrâce, vivre.

Du passé, ne chercher que les encouragements de l'avenir ; écarter les craintes. Au présent, tendre à la fulgurance.

On dit que tout est difficile ? Viser l'impossible.

Confiance

Quoi qu'il arrive, ne pas désespérer. C'est notre tour de vivre. Ne pas le passer, ni l'abandonner à d'autres.

Foi

Dans le doute, contempler avec tous ses sens. Alors vient la foi.

Mort

Je n'emporterai que mes souvenirs. Vivre de façon que la beauté les transfigure.

Un jour, nous ne serons plus qu'un souvenir pour les autres.
Celui-là sera notre viatique pour l'éternité.

Vœu

Que ce qui est mortel en moi soit absorbé par la vie.

À la façon de Marina Tsvetaïeva : « Être un loup dans la forêt profonde de l'Éternité. »

Post-scriptum

« Quand irons-nous, par-delà les grèves et les monts, saluer la naissance du travail nouveau, la sagesse nouvelle, la fuite des tyrans et des démons, la fin de la superstition, adorer – les premiers ! – Noël sur la terre ! » écrit Rimbaud. Alors, quand irons-nous ? Cette année ? Demain ? Et pourquoi pas, emboîtant le pas de Rimbaud justement, fêter Rimbaud chaque minute, guidés par les « Rois de la vie, les trois mages : le cœur, l'âme, l'esprit » ? Pourquoi ne pas fêter l'esprit de Noël, justement, Noël sur la terre, *hic et nunc*, ici et maintenant ? Pour que fuient les tyrans, pour qu'enfin l'âne et le bœuf triomphent sur les démons qui harcèlent les hommes. Pour réaliser la promesse, cette naissance du travail nouveau. Car c'est bien ce que nous aimons tous en Noël : ce temps si particulier de l'attente : pour que les promesses soient enfin tenues – au fond le plus beau des cadeaux. Cette attente qui fait de ces semaines de l'Avent une trêve semblable aux pauses qu'offre la musique, avec les mêmes instants de communion et de grâce, la même part de ciel. « Le chant des cieux, la marche des peuples ! » dit encore Rimbaud. Le chant des cieux et la marche des peuples ensemble, enfin de concert, pour que nous cessions de maudire autant la vie. Mon vœu ? Que chacun se laisse pénétrer, chaque instant, chaque seconde de son existence, par cet esprit de Noël, comme par la musique. Comme à minuit. Quand la musique monte au ciel en même temps que « le soleil des loups », comme on appelle la lune.

Hélène Grimaud

TABULA

Écoutez le répertoire d'Hélène Grimaud
grâce à la playlist* spécialement conçue pour son livre *Renaître*,
en collaboration avec Universal Music France

Accédez à la bande originale du livre en scannant ce QR code

* Playlist disponible sur les principales plateformes de streaming.

DES MÊMES AUTEURS

HÉLÈNE GRIMAUD

Variations sauvages, Laffont, 2003.
Leçons particulières, Laffont, 2005.
Retour à Salem, Albin Michel, 2013.

STÉPHANE BARSACQ

Goudji, L'Amateur, 2002.
Johannes Brahms, préface d'Hélène Grimaud, Actes Sud, 2008.
Cioran, Éjaculations mystiques, Seuil, 2011.
Rimbaud, Celui-là qui créera Dieu, Seuil, 2014.
Le Piano dans l'éducation des jeunes filles, Albin Michel, 2016.
Bakst. Des Ballets russes à la haute couture, Albin Michel, 2017.
En présence d'Yves Bonnefoy, Corlevour, 2017.
Mystica, Corlevour, 2018.
Météores, Corlevour, 2020.
Solstices, Corlevour, 2022.

Retrouvez toute l'actualité des éditions Albin Michel
sur notre site albin-michel.fr
et suivez-nous sur les réseaux sociaux !
Instagram : editionsalbinmichel
Facebook : Éditions Albin Michel
Twitter : AlbinMichel

Composition : IGS-CP
Impression : Imprimerie Floch, septembre 2023
Éditions Albin Michel
22, rue Huyghens, 75014 Paris
www.albin-michel.fr
ISBN : 978-2-226-45258-0
N° d'édition 24087/01 – N° d'impression : 103086
Dépôt légal : octobre 2023
Imprimé en France